빛과 어두움

매일 가는 길

빛과 어두움
매일 가는 길

박병모 목사

문서사역
종려가지

머리말

"지금 무엇을 찾고 있었나요? 당신이 찾고 있는 것이 분명히 여기에 있습니다."

나는 누구인가? 이 문제 보다 더 근본적이고 중요한 문제는 없을 것이다. 그러나 또한 이 문제만큼 해결하기 어려워서 언제나 뒤로 미루어지는 일도 없을 것이다.

그렇다면 이것은 어떤가? 인간은 다 사랑 받고 살기를 원한다. 이것은 행복, 만족, 자유와 관계되는 것이다. 그러나 슬프고 기이하게도 다시 질문을 받게 된다. 우리는 우리 자신이 누구인지를 깊이 묵상하지 않는다면 행복, 만족, 자유를 다시 뒤로 미뤄놓는 일이 되고 말 것이다.

한 가지 제안을 한다면 당신이 진정한 예술가라고 가정했을 때 자기 자신에 대해 고찰해보지 않을 사람은 없을 것이다. 그래서 자화상은 빠지지 않는 화제가 된다. 학문에 있어서도 마찬가지이다. 우리 자신이 누구인지 아는 것은 예술에서나 모든 학문에 있어서도 해결되어야만 가장 완성된 결과를 얻을 수 있을 것이다.

다시 말해 인간이 추구하는 진정한 행복, 만족, 자유를 누릴 수 있는 것이다. 당신은 무엇인가를 이루려고 한다. 그러나 그 목적이 무엇인가에 따라 마지막에는 아무것도 아닌 허무한 것이 되거나 상상도 못할 세계를 만나게 되는 영광을 얻을지도 모른다. 그래도 이 근본적인 문제를 언제까지나 미루어 놓을 셈인가?

당신은 학자나 예술가가 아닐지도 모른다.
그러나 누구나 진정한 학자이자 예술가가 되어야 한다.

결론부터 말한다면 모든 학문과 예술의 마지막은 그리스도에게로 인도받고 그 안에서 해결된다. 왜냐하면 당신이 살고 있는 세계에서는 결코 볼 수 없는 것이기 때문이다.

나는 어디에서 왔으며 지금 어디에 있는지 그리고 앞으로 어디로 갈 것인지 고찰하지 않는다면 인간의 삶의 99.99%는 보이는 육체와 동일시되고 또 마음과 동일시해 버린 뒤 그 만한 세계에 갇혀 그 만한 삶을 꾸려나가게 될 것이다.

이 책을 만난 당신에게는 보다 나은 기회가 남아있다. 누구에게나 열려 있는 길. 좁고 협착한 길이지만 통과하고 나면. 누구라도 당신이 가야만 하는 참 생명의 길이라고 이야기 해주고 싶을 것이다. 이제부터 그리스도를 목적으로 길을 떠난다.

이 길은 당신을 사랑이 있고 행복이 있고 자유가 있는 길로 인도할 것이며 학자와 예술가인 당신이 찾고자 하는 지혜와 지식이 있으며 보화가 있는 곳이다. 목적에 도달한 당신은 자신이 생각하는 것보다 위대한 일을 할 수 있는 사람이라는 것을 깨닫게 될 것이다. 요14:12.

주 안에서의 **행복은** 사랑하며 살고 사랑받고 사는 곳에 있는 것이다. 롬4:6-9 다윗에게 약속한 그리스도로 말미암아 주시는 것이다. 사11:1-5; 사9:6-7; 사53:4-6; 사35:1-10; 사65:17-25; 롬14:17; 엡1:7 그리스도를 나타내면서 은혜의 삶으로 구속 곧 죄사함 받은 자의 행복은 믿음으로 주 안에서 이루어가는 **사랑의 숲**이다. 요일4:8,16; 고후5:14; 히4:16.
롬5:5-11; 겔36:25-28,35; 신30:6 구속 받은 백성은 새 에덴이다.

주 안에서의 **만족은** 사랑 받고 살고 싶은 것이다.
두려워하는 마음, 부족한 마음, 비교하는 마음은 사랑 받지 못하고 있다는 것을 반증한다. 요8:26-29; 고후3:5-6; 고전3:9,16; 살전2:13; 빌2:13; 창39:1-4; 단6:10-28; 요13:34-35; 요15:7-12 하나님이 함께 하시니 만사형통이요. 만족이다.

주 안에서의 **자유는** 세상의 어떠한 것으로도 구속도 받지 않고 누리는 삶을 살고 싶은 것이다. 요8:32; 고후3:11-18; 히8:10-13 무소유자는 세상을 다 가진 자다. 반대로 갖고자 하는 자는 그 갖고자 하는 만큼의 세상에 갇혀서 산다. 그래서 마19:29; 눅14:33; 마13:44-46; 렘17:7-8; 롬14:17; 롬15:13; 시119:32; 시119:71-73 돈, 건강, 명예의 세상을 다스리고 정복하는 길이 자유의 길이다. 창1:26-28 마음 문을 넓히면 넓어진 만큼 자유를 누린다. 고후3:17(1-18); 갈5:1(22-23); 빌3:7-9 그리스도 안에서 히11:24-26; 요6:40; 요10:27; 요5:19-20 이러한 삶이 은혜요. 빛이요. 사랑이다. 서로 사랑하며 살고 사랑 받고 사는 영생의 길, 생명의 길이다. 잠8:17-21.

당신은 하나님의 사랑을 알고 있는가? 사랑의 하나님은 또한 공의의 하나님이시다. 신앙생활 열심히 하고(롬10:2-3) 죽어서 마지막 그리스도 심판대에 설 때 '나는 너를 도무지 모르니 불법을 행하는 자들아 내게서 떠나가라' 는 음성을 듣는 다면 얼마나 원통 할까요!(마7:23-24; 마25:33-46; 눅13:24-29).

오늘 바로 지금, 공의의 심판대 앞에 서 있는 당신은 성삼위(성경)에 대해 얼마나 바르게 깨닫고 알고 있는가?(골1:6; 요17:3) 비밀로 덮여 있고 수건으로 덮여있는 성경(고후3:14-16). 제자들에게만 하나님의 비밀, 그리스도의 비밀을 허락하신 성경 (막4:10-12). 천국과 하나님 나라 비밀의 열쇠도 없이 어찌 성경을 깨달을 수 있으며 천국의 문을 열 수 있겠는가?(마16:16-19; 계3:7; 사 22:22; 마1:1; 마7:21-24; 요6:40; 요10:27).

아브라함과 다윗에게 약속하신 그 사랑의 열쇠를 알고 받아 누리는 신앙생활을 한다면 얼마나 좋을까? 첫째와 둘째의 약속의 깨달음 없이 어찌 천국 열쇠를 가질 수 있는가? 또한 천국은 침노한 자가 소유한다고 했으나 어찌 들어갈 수 있는가? 그리고 감추어진 보화를 어찌 얻을 수 있을까?(골2:2-3; 고후4:7; 마13:44).

이 책을 통하여 천국의 문을 열고 감추어진 보화를 찾아 얻으십시오.
새로운 인생길!
복 있는 사람(롬4:6-9; 고후3:5; 갈5:1; 고후3:17), 강하고 힘 있는 사람(지혜·명철자 창41:37-44; 잠28:1)으로 새 출발하여 가장 아름다운 삶. 새 계명을 주님께 선물 받아 서로 사랑하며 살아 봅시다.
(고후5:14; 요13:34; 마22:37-40 강령) 그리스도의 사신이 되어 삽시다!(고후5:20)

이 책을 보는 방법

제목 같은 문구와 성경구절이 길게 나열된 구성이 조금은 낯설고 이상해 보이는 책. 그런데 아래의 방법대로 무한 반복하다 보면 놀라운 깨달음을 선사해줄 신선하고 아름다운 선물 같은 책이다.

독자가 하나님께 돌아가려는 마음이 간절할 때 성령의 도움으로 더 빠르게 하나님과 동떨어진 나의 삶을 바로잡는 동시에 자신의 존재에 대한 물음에 대한 해답도 찾아 나갈 수 있다. 나는 어디로부터 와서 어디로 향해가고 있는 것인지 일생의 깨달음과 지금 내가 어떤 상황에 처해 있더라도 어떻게 해야 주님과 함께하는 삶을 살 수 있는지 길을 제시해 줄 것이다. 복음의 메시지가 더 뚜렷하게 보이고 믿음에 확신을 가진 사람이 될 것이다.
성경을 **주님의 마음으로** 보게 되고 볼 때마다 내용이 새롭고 엡 3:17-19 사랑의 깊이가 넓이가 더 깊이 더 넓게 자라날 것이다. '너희는 여호와의 책을 자세히 읽어보라 이것들이 하나도 빠진 것이 없고…' (중략) 말씀과 같이 어느 말씀도 나와 관계되지 않은 것이 없다. 이렇게 보고 들리게 될 날이 온다면 이 책을 만나게 된 것은 당신에게 더 없이 큰 행운이며 깨달음이 클수록 더욱 기쁘게 여기게 될 것이다. 놀라운 하나님의 역사가 독자들의 마음에 와 닿

아 보화를 발견하고 소유하게 되기를 바란다.

1. 먼저 깨달을 수 있도록 성령의 도우심을 받게 해달라고 주님께 기도한다. 마7:7-8; 눅11:9-13; 살전5:16-24
2. 준비물 : 성경책, 연필
3. 자세히 보거나 빠른 속도로 보기를 수차례 한다.(성경 구절을 아는 내용이라도 반드시 찾아 읽어야 한다. 전에는 눈에 안 들어 왔던 내용이 보이기 시작한다. 내 안의 어떤 힘〔성령〕께서 이끌어 갈 때 그 뜻을 즉시 순종하는 마음으로 읽기 바란다.)
4. 책을 깨끗하게 보려고 하지 않는다.
   깨닫게 된 관련 말씀의 주소나 핵심단어를 말씀 옆에 연필로 정리해 가면서 되새김 한다.
5. 가끔은 글 부분만 가볍게 보거나 한 말씀을 집중해서 깨달을 수 있도록 주님께 구하고 찾고 두드린다.(한 말씀을 가지고 깨닫게 해달라고 금식을 하거나 착념해 본적이 있는가? 그런 마음이여야 한다. 시19:14.

이제 떠나보자. 생명의 (진리의) 성령의 법이 당신의 마음에 기록되길 간절히 바란다. 롬8:2; 히8:10.

목차

머리말 _05
이 책을 보는 방법 _10

1장 · 마태복음 _13

2장 · 마가복음 _89

3장 · 누가복음 _137

4장 · 요한복음 _191

5장 · 요한계시록 22장 _273

6장 · 인터넷 방송 설교
  1. 증인의 삶(1) _286
  2. 증인의 삶(2) _297
  3. 증인의 삶(3) _310

1장
마태복음

"성경책은 누구나 꼭 가정에 가지고 있어야 합니다."

"마태복음"

♥마1:21

    아들을 낳으리니 이름을 예수라 하라
    이는 그가 자기 백성을 저희 죄에서 구원할 자이심이라 하니라

자기백성을 구원한다?
그럼 인류 전체가 아니라는 건데...

이봐! 뭔가 발견한 얼굴인데! 허허

예수님을 믿기만 하면 된다고 들어왔잖아?
난 이것이 단답형의 문제는 아니라고 봐
백성이 되는 길을 알아야겠어.

나는 어떤 존재이고 어디로부터 와서
어디로 가는지 알고 싶어.

내가 누구인지 알고 싶다구.

겔36:25-28

> 맑은 물로 너희에게 뿌려서 너희로 정결케 하되 곧 너희 모든 더러운 것에서와 모든 우상을 섬김에서 너희를 정결케 할 것이며 또 새 영을 너희 속에 두고 새 마음을 너희에게 주되 너희 육신에서 굳은 마음을 제하고 부드러운 마음을 줄 것이며 또 내 신을 너희 속에 두어 너희로 내 율례를 행하게 하리니 너희가 내 규례를 지켜 행할찌라 내가 너희 열조에게 준 땅에 너희가 거하여 내 백성이 되고 나는 너희 하나님이 되리라

아하! 하나님께 돌아가면(마3:11) 성령세례를 베푸사 굳은 내 마음을 제하고 (렘17:9) 부드러운 마음 그리스도의 마음을 선물로 주어 정결한 마음, 정결한 처녀로 만든 후 생명의 말씀(영)의 씨를 내 마음에 뿌리시니(벧전1:23-25) 자라나 그리스도의 마음으로 살게 될 때, 나는 하나님의 백성이 되고 하나님께서 나의 아버지가 되는구나!

깨달은 말씀을 기록해 보세요.

고후6:14-18 하나님의 씨로 난 자가 성전으로 지어져 간다.

요일3:9 하나님의 씨로 난 자는 죄를 짓지 않는다.

요일3:5

요일5:18 죄를 짓는 자는 하나님의 백성이 아니다.

롬8:2 그리스도 예수 안에 있는 생명의 성령의 법으로 죄를 안 짓는다.

히8:10

렘31:33

신29:13

렘11:4

♥마1:1

　　아브라함과 다윗의 자손 예수 그리스도의 세계라

이것은 그리스도의 족보라네. 그러나 아무리 찾아도 자네 이름은
없는데 자네와 무슨 관계가 있겠나?

아브라함과 다윗의 자손이라고 하니까...
그래! 이 사람들에 대해 알아보면
실마리를 찾을 수 있을 거야.(눈을 부릅뜨고)

전에는 이런 내용을 본적이 없는데... 어라
아-하 하나님께서 이 사람들과
아주 중요한 약속을 하셨구나!

이 약속을 아는 사람이
그리스도의 족보와 관련된 사람이라는 말씀!

자네는 이 약속을 까맣게 잊고 산거야.

> 생각지도 못했던 것을 새롭게 알게 되었나요? 기록하고 넘어가세요. 다시 잊어버리지 않도록... ✍

창17:1 완전한 자가 될 수 있는 길이 있다!
신18:13-19
행2:23
마7:21-24
고전10:4
롬8:1-2
히8:1-10
골1:26-28 그리스도 안에서 완전케 되어가는구나.

신29:13
여호와께서 이왕에 네게 말씀하신 대로 또 네 열조 아브라함과 이삭과 야곱에게 맹세하신 대로 오늘날 너를 세워 자기 백성을 삼으시고 자기는 친히 네 하나님이 되시려 함이니라

신30:6

네 하나님 여호와께서 네 마음과 네 자손의 마음에 할례를 베푸사 너로 마음을 다하며 성품을 다하여 네 하나님 여호와를 사랑하게 하사 너로 생명을 얻게 하실 것이며

아하! 우리를 그리스도 안에서 살게 하시려고 오셨구나. 아브라함에게 할례의 언약, 이삭에게 영원한 언약, 야곱에게 새 언약을 약속하심을 알고 믿어야 하나님의 백성이 되고 하나님이 진정 우리 하나님 아버지가 되시고 마음을 다하고 성품을 다하여 하나님 아버지를 사랑하고(계명을 지키고) 살아야 이때부터 새 생명을 주셔서 거듭나게 되는구나.

> 주님을 만날 수 있게 하는데 도움을 줍니다.
> 깨달음을 주게 될 기둥이 되는 말씀들을 되새김 할 때마다 깊은 깨달음을 얻을 수 있습니다.

엡4:23-24

벧전3:15

히10:9-10

갈1:4-7

갈2:20

♥마1:23
보라 처녀가 잉태하여 아들을 낳을 것이요 그 이름은 임마누엘이라 하리라 하셨으니 이를 번역한즉 하나님이 우리와 함께 계시다 함이라

세례요한은 왜 필요하고,
예수님은 성령으로 나신 분인데
성령 세례를 왜 받아야 할까?

율법의 마지막 주자 세례 요한에서
예수님께로 배턴을 체인지한 사건...,

우리를 새로운 피조물로 만드시기 위한
하나님께서 미리 계획하시고 약속하신
두 번째 약속의 시작을 알려 준다.

율법이 새 언약으로 이끌어 줄때까지
전심전력하는 마음으로
원수까지도 사랑하는 팔복의 과정을 통해
백성이 되고 아들이 되어간다.

족보를 찾는다는 것은 영적 생명 곧 하나님의 생명(하나님의 씨)으로 태어나 아들 그리스도 안에서 더불어 먹고 사는 삶. 계3:20;

겔11:19-20 하나님의 약속을 믿는 자들에게 마음의 할례를 베풀어 그리스도의 마음, 곧 부드러운 마음을 선물로 주어 신30:6; 겔36:25-28 전심으로 여호와 하나님께 돌아와 함께 누리는 삶을 말하네.

> 새로운 길을 떠날 때는 약간의 긴장감은 필요합니다.
> 깨달은 말씀을 기록해 봅시다.

요8:26-29

내가 너희를 대하여 말하고 판단할 것이 많으나 나를 보내신 이가 참되시매 내가 그에게 들은 그것을 세상에게 말하노라 하시되 저희는 아버지를 가리켜 말씀하신 줄을 깨닫지 못하더라 이에 예수께서 가라사대 너희는 인자를 든 후에 내가 그인 줄을 알고 또 내가 스스로 아무 것도 하지 아니하고 오직 아버지께서 가르치신대로 이런 것을 말하는 줄도 알리라 나를 보내신 이가 나와 함께 하시도다 내가 항상 그의 기뻐하시는 일을 행하므로 나를 혼자 두지 아니하셨느니라

롬14:18

이로써 그리스도를 섬기는 자는 하나님께 기뻐하심을 받으며 사람에게도 칭찬을 받느니라

요6:40

내 아버지의 뜻은 아들을 보고 믿는 자마다 영생을 얻는 이것이니 마지막 날에 내가 이를 다시 살리리라 하시니라

요10:27

내 양은 내 음성을 들으며 나는 저희를 알며 저희는 나를 따르느니라

엡3:9-13

엡1:17-23

아하! 주님을 마음에 모시고 보고 듣고 그리스도를 섬기는 삶을 살 때 하나님 아버지가 기뻐하시고 함께 하시는구나.

아는 만큼 깨달음도 달라집니다. 한 말씀을 알았다고 다 알아지는 것이 아니랍니다. 말씀 한 절을 풀면 우주만큼 넓어지기 때문입니다.

♥마2:2

유대인의 왕으로 나신 이가 어디 계시뇨
우리가 동방에서 그의 별을 보고 그에게 경배하러 왔노라 하니

동방 박사들은 어떤 사람들이였기에
저렇게 보고 들으며 행동에 옮겼을까?
나는 무엇을 순종해야하는지도 분별하지 못하겠는데
나름 신앙생활을 해왔지만
솔직히 믿음의 확신이 없다.

보이고 들리는 것이 없는데 어떻게...

이봐! 그만 정신 차리고 이 길로 쭉 내려가게
물가에 많은 사람들이 보일거야.

> 이 길에 오신 것을 진심으로 환영하고 축복합니다! 깨달은 말씀을 기록하고 넘어 가시기 바랍니다. ✍

렘10:10 오직 여호와는 참 하나님, 영원한 왕

창17:6

벧전2:9

요일5:20

계17:14
저희가 어린 양으로 더불어 싸우려니와 어린 양은 만주의 주시요 만왕의 왕이시므로 저희를 이기실터이요 또 그와 함께 있는 자들 곧 부르심을 입고 빼내심을 얻고 진실한 자들은 이기리로다

아하! 만왕의 왕께서 나의 생명, 나의 구속 주, 나의 사랑, 나의 남편으로 오셨으니 이제 마음을 다하고 성품을 다하여 하나님 아버지께로 돌아가서 그 안에서 은혜의 삶으로 더불어 먹고 살아야겠구나.

계19:16

딤전6:15

♥ 마3:15-16

예수께서 대답하여 가라사대 이제 허락하라 우리가 이와 같이 하여 모든 의를 이루는 것이 합당하니라 하신대 이에 요한이 허락하는지라 예수께서 세례를 받으시고 곧 물에서 올라 오실쌔 하늘이 열리고 하나님의 성령이 비둘기 같이 내려 자기 위에 임하심을 보시더니

성령과 불로 세례를 주러 오셨다.

세례 요한이 예수님께 세례를 주는 것은
자기의 죄를 자백하는 인류의 모든 죄를
예수님께 넘기는 일이다.

그럼 그 의미까지 좀 더 깊이 깨달아야해.
한 가지를 깨달아 알았다 해서 그 말씀을 온전히 안다고 생각하면 안 되네. 한 말씀을 제대로 펼친다면 우주가 책꽂이라도 모자란다네. 암! 그렇고말고.

세례는 죽는다는 의미가 있다.
예수님이 세례를 받으시고
공생애 동안 하신 모든 일은
우리에게 모두 본을 보이신 것이다.
예수님은 성령으로 나신 분..., 아-아

요한의 세례는 만물을 새롭게 하기 위해 온세상 죄를 예수님께 넘기는 세례이며.

천국의 제자가 주는 세례는
마음을 다하고 성품을 다하여 하나님만을 사랑하겠다는,
예수님의 제자가 되겠다는
일종의 서약이고 맹세의 회개인 것이다.
다시 말해 하나님께 회개한다는 것은
전심으로 하나님께 돌아가려는 결신의 마음이다.

자네의 죄를 예수님이 다 지셨다는 것을 정말로 믿나?
…. ….

그리스도가 세상에 오신 뜻은
성령으로 잉태한 자녀를 얻기 위함이라네.
이삭과 같이 말이네.^^

> 머리로 믿는 것과 마음으로 믿는 것은 율법과 은혜만큼이나 차원이 다른 것입니다. 깨달은 말씀을 기록해 보세요. ✍

마3:11 다 버리고 성령과 불로 세례 받아야 자녀 된다.
　나는 너희로 회개케 하기 위하여 물로 세례를 주거니와 내 뒤에 오시는 이는 나보다 능력이 많으시니 나는 그의 신을 들기도 감당치 못하겠노라 그는 성령과 불로 너희에게 세례를 주실 것이요

신30:6

네 하나님 여호와께서 네 마음과 네 자손의 마음에 할례를 베푸사 너로 마음을 다하며 성품을 다하여 네 하나님 여호와를 사랑하게 하사 너로 생명을 얻게 하실 것이며

아하! 예수께서 세상에 오심은 성령세례 곧 마음에 할례를 베푸사 나의 혼과 육은 죽고 주님의 마음, 주님의 생각, 주님의 뜻을 이루어 정결한 처녀가 된 나에게 장가들려고 오셨구나.(구원 받는 삶)

갈4:19
요16:20-24
갈4:28-31
엡4:23-24
겔36:25-28
호2:19-20
고후11:2

♥마4:1-11

그 때에 예수께서 성령에게 이끌리어 마귀에게 시험을 받으러 광야로 가사 사십 일을 밤낮으로 금식하신 후에 주리신지라 시험하는 자

가 예수께 나아와서 가로되 네가 만일 하나님의 아들이어든 명하여 이 돌들이 떡덩이가 되게 하라 예수께서 대답하여 가라사대 기록되었으되 사람이 떡으로만 살것이 아니요 하나님의 입으로 나오는 모든 말씀으로 살 것이라 하였느니라 하시니 이에 마귀가 예수를 거룩한 성으로 데려다가 성전 꼭대기에 세우고 가로되 네가 만일 하나님의 아들이어든 뛰어내리라 기록하였으되 저가 너를 위하여 그 사자들을 명하시리니 저희가 손으로 너를 받들어 발이 돌에 부딪히지 않게 하리로다 하였느니라
예수께서 이르시되 또 기록되었으되 주 너의 하나님을 시험치 말라 하였느니라 하신대 마귀가 또 그를 데리고 지극히 높은 산으로 가서 천하 만국과 그 영광을 보여 가로되 만일 내게 엎드려 경배하면 이 모든 것을 네게 주리라
이에 예수께서 말씀하시되 사단아 물러가라 기록되었으되 주 너의 하나님께 경배하고 다만 그를 섬기라 하였느니라 이에 마귀는 예수를 떠나고 천사들이 나아와서 수종드니라

마음을 다하며 성품을 다하여 하나님께 돌아가려할 때
누구나 이 과정을 거치게 된다네.

누군가를 조건 없이 사랑한다는 건
내게 너무나 어려운 일이야.
조금만 거슬려도 내 안에서 부글거림이 있고 또 성격도…,
어제도 참지 못하고 그만 다툼이 되어버렸어.
그렇게 되는 것을 원하진 않았는데 번번이 왜 그 모양인지
내 자신에게 정말 실망이야.

하지만... 그건 내가 해보려고 주님께 묻지도 않고
마음대로 한 결과였다는 것을 알아.
(고전11:3 질서를 저버린 결과)

주님께서 자기 안에 계신다면
그런 훈련이야 식은 죽 먹기지만 흠, 쯧쯧

경건하기 위해 받는 훈련이란 것이 뭘까?
이건 좀 알아가는 과정이 필요한 내용인 듯. 지금은 파악하기가 힘
들군. 큰 비밀이라고 되어있다.

오! 경건의 훈련을 통과할 때마다
육신의 모든 것이 세례 받게 된다고!
음, 아직은 좀 어렵지만... 이 훈련을 통과할 때마다
주님께서 내게 꼭 오셔야 한다는 믿음이
점점 더 자라게 된다는 말씀.
햐! 어떻게 내가 이러한 것을 알게 되다니...
대체 나는 지금까지 뭘 한 거지? 이런 것도 모르고 있었다니!

이 봐- 자책은 금물, 자! 이제부터 시작이네!

하나님께서 경건한 자 중에 택하여

성령 세례를 주실 때까지다!
이것을 받은 사람들이야 말로
하나님의 백성이고 거듭났다고 할 수 있구나.

성령은 사람에게 가장 좋은 선물이야. ^^

> 무엇을 버려야 한다고 생각하십니까?
> 깨달은 말씀을 기록해 봅시다.

딤전3:16 육의 것을 버리는 경건의 비밀로 영의 세계를 본다.
딤전4:6-10
딤전6:12-15
말2:15
약1:26-27

♥**마5:3-12**

심령이 가난한 자는 복이 있나니 천국이 저희 것임이요 애통하는 자는 복이 있나니 저희가 위로를 받을 것임이요 온유한 자는 복이 있나니 저희가 땅을 기업으로 받을 것임이요
의에 주리고 목마른 자는 복이 있나니 저희가 배부를 것임이요 긍휼히 여기는 자는 복이 있나니 저희가 긍휼히 여김을 받을 것임이요 마음이 청결한 자는 복이 있나니 저희가 하나님을 볼 것임이요
화평케 하는 자는 복이 있나니 저희가 하나님의 아들이라 일컬음을

받을 것임이요 의를 위하여 핍박을 받은 자는 복이 있나니 천국이 저희 것임이라 나를 인하여 너희를 욕하고 핍박하고 거짓으로 너희를 거스려 모든 악한 말을 할 때에는 너희에게 복이 있나니

꾸벅 꾸벅...

그만 자고 일어나 친구!
성령을 받으면 어떤 변화가 일어나겠나?

왜 자꾸 성령을 받으라 하시는 걸까?
나에게 어떤 의미가 있는 거냐고?

대체 성령이 하시는 일이 뭐지?

일마다 주님의 마음이 또는 말씀이 와서
원수도 핍박도 다 주님의 사랑으로,
예수 이름으로 화평, 화목을 이루게 하시는구나.
죄 짓고 회개하는 것이 아니라
애매히 핍박이 왔을 때를 말하는 거다.

음... 그러니까 믿음의 시련을 온전히 기쁘게 여기고
인내를 온전히 이룰 수 있도록 도와주시네!

주님께 지혜를 구해보자! 이 모든 것을 통과할 수 있도록 말이야.

자네 기도를 하나님께서 기뻐하실 거야!

어제의 깨달음은 오늘 볼 때 그 깊이가 다르다.
달달 외울 정도로 어떤 말씀을 안다고? 안다고 착각 하는 것일 뿐.
주님의 말씀을 되새김 하면서 계속 묵상해야 한다.

> 경기를 하는 사람이 규칙을 지키지 않으면 목적지에 도착한다 해도 감독자는 불통을 주게 되어 있습니다.

마5:3-13 위에 본문 참조

아하! 팔복을 받은 자, 심령이 새롭게 된 자는 주님의 마음으로 사는 은총을 입어 원수도 핍박하는 자도 사랑하고 화평하며, 성령의 열매를 맺고 살아가는구나.

마5:3-20 마귀에 속한 자는 진리는 없고 욕심과 거짓말뿐이구나.
요8:44
고전2:16
요일4:8
갈2:20

롬1:17

요6:40

엡3:17

요10:27

히12:14

신30:6

마12:28

롬14:7

눅1:37

겔11:19-20

요8:26-29

요5:19-20

♥ 마6:9-13

그러므로 너희는 이렇게 기도하라 하늘에 계신 우리 아버지여 이름이 거룩히 여김을 받으시오며 나라이 임하옵시며 뜻이 하늘에서 이룬 것 같이 땅에서도 이루어지이다 오늘날 우리에게 일용할 양식을 주옵시고
우리가 우리에게 죄 지은 자를 사하여 준것 같이 우리 죄를 사하여 주옵시고 우리를 시험에 들게 하지 마옵시고 다만 악에서 구하옵소서 나라와 권세와 영광이 아버지께 영원히 있사옵나이다 아멘

일용할 양식을 구하라니까? 뭐!

빵, 떡, 비빔밥, 불고기, 집, 교회건물, 자동차...
오- 친구여! 아직도 육신의 것을 구하고 있는가?
주님께서 이러한 양식을 말했나?

하늘에 계신 우리 아버지여...중얼중얼
툭! 아이쿠- 깜짝이야!
책이 왜 갑자기 떨어졌지? 야단맞은 기분이 든다.
매일 하다시피 하는 기도인데 '너 여-엉 잘못 가고 있다'고
'너 정말 나를 믿느냐'고 하시는 것만 같다.

하늘에 계신 우리 아버지여-
'네가 나를 아비지라고 부를 자격이 있느냐?'
전능하신 하나님임을 정말로 믿느냐는 말이다. 입술로만 믿는다고
하면 믿는 것인가? 힝-ㅠ

주께서 주시는 양식은 영의 양식인데
생각 없이 주문 외듯 해왔구나.

양식이라면 먹어서 피와 살이 되는 것인데
육의 양식도 자기에게 해가 되게 먹는 것이 있으니
영의 양식도 잘 못 먹으면 오히려 나를 죽일 수 있다.
마7:21-24; 요6:54

그렇다면 영의 양식은 어떻게 구해서 먹는 걸까?
너를 살리는 것은 영이다! 육은 무익하다.
내가 너희에게 '이른 말'이 영이요 생명이다!
문자적인 말씀이 아니라 내 안에 계신 주님께서 들려주시는
주의 말씀이 나의 양식이다.

주님만 믿고 의뢰하면서
구하고 찾고 두드려서 얻어지는 것이다.

주께서 가르쳐주신 대로 영의 양식을 구해야하네!

> 깨달은 말씀을 핵심어로 기록하면 좋습니다.
> 당신을 귀찮게 하려고 하는 것이 아닙니다.

마6:9, 11

그러므로 너희는 이렇게 기도하라 하늘에 계신 우리 아버지여 이름이 거룩히 여김을 받으시오며, 오늘날 우리에게 일용할 양식을 주옵시고

아하! 하나님 아버지라 부를 수 있는 사람은 요일3:9 하나님의 씨로 태어나 계3:20 그리스도 안에 들어가 그로 더불어 먹고 그는 나로 더불어 먹으리라!

요일3:9 이렇게 먼저 하나님을 아버지라 부를 수 있는 자격이 되어야 하는구나 겔36:25-28. 그래야 내가 주님을 부를 때에 '내가 여기 있다' 하시고 응답을 주신다. 사58:9.

롬10:17 그리스도의 말씀으로 완전한 믿음을 갖게 된다.
요6:40
요10:27
골4:2-3
골1:27-28
골2:2-3
갈3:16
신30:6
렘31:31-34

♥**마7:21-24**

나더러 주여 주여 하는 자마다 천국에 다 들어갈 것이 아니요 다만 하늘에 계신 내 아버지의 뜻대로 행하는 자라야 들어가리라
그 날에 많은 사람이 나더러 이르되 주여 주여 우리가 주의 이름으로 선지자 노릇하며 주의 이름으로 귀신을 쫓아 내며 주의 이름으로 많은 권능을 행치 아니하였나이까 하리니 그때에 내가 저희에게 밝히 말하되 내가 너희를 도무지 알지 못하니 불법을 행하는 자들아 내게서 떠나가라 하리라 그러므로 누구든지 나의 이 말을 듣고 행하는 자는 그 집을 반석 위에 지은 지혜로운 사람 같으리니

물구나무 서기 그만하고
반석 위에 집을 지으라는 뜻이 무슨 말인가?
반석이 평평한 큰 돌이던가? 이런...

결론적으로 말하면
"반석이신 그리스도의 마음을 선물 받는다"는 것
이렇게 얘기하면 처음 듣는 이는 좀 엉뚱하게 들리려나...,
다시 정리해 보자 흠! 그러니까
내 마음은 성삼위 하나님을 담을 수 있는 그릇이다.
그러자면 반석이신 그리스도가 내 마음에 오셔야 한다.
그 마음위에 성전이 세워지는 거다!
주님께서 오시면 내 마음이 성전이 되는 거야.

아-아 이제까지 내가 그리스도 밖에 있었구나!
마음에 집을 지으려면 하늘의 신령한 것들이 필요한 거였어.
모르고 육신의 것들만 구해 왔구나.
오늘부터 그리스도 안에 들어가기만을 위해 달려가야 한다.
나의 목표가 그리스도가 되지 않으면 아무 소용없다는 것을
이제야 알겠어. 아휴- 큰일 날 뻔 했구나.

그리스도는 '하나님의 형상' 이네.
바로 자네가 찾아야 하는 본질이자

진짜 마음이고 자신이야.

장성하게 되면 확실하게 알 수 있게 될 거네. ^^

> 이 세상이 아닌 다른 세계가 열리는 것입니다.
> 깨달은 말씀을 기록하다보면 주님과 소통하는 나만의
> 소중한 재산이 됩니다. ✍

마7:21-24

아하! 반석 위에 집을 지은 지혜로운 자의 뜻은 반석은 고전 10:4 그리스도시니 그리스도 안에 들어가 그 안에서 요6:40 보고 믿어 승리하고 요10:27 듣고 믿고 갈2:20의 삶을 살아 장성한자 히5:14 하나님 아버지의 지각을 사용하여 살아가라는 뜻! 이것이 바로 지혜, 명철자의 삶이구나.

창1:27

갈4:19

고전10:4 잃어버린 나의 본질은 그리스도의 성품 ⇒ 마음.

욥28:28

눅11:9-13

살전5:13-23

마7:12-13

요일3:9

호2:19-20

고후11:2

갈2:20

고전3:9,16

요10:1-10, 27

고후4:4

요15:1-12

♥마8:5-13

예수께서 가버나움에 들어가시니 한 백부장이 나아와 간구하여 가로되 주여 내 하인이 중풍병으로 집에 누워 몹시 괴로와하나이다 가라사대 내가 가서 고쳐 주리라 백부장이 대답하여 가로되 주여 내 집에 들어오심을 나는 감당치 못하겠사오니 다만 말씀으로만 하옵소서 그러면 내 하인이 낫겠삽나이다 나도 남의 수하에 있는 사람이요 내 아래도 군사가 있으니 이더러 가라 하면 가고 저더러 오라 하면 오고 내 종더러 이것을 하라 하면 하나이다
예수께서 들으시고 기이히 여겨 좇는 자들에게 이르시되 내가 진실로 너희에게 이르노니 이스라엘 중 아무에게서도 이만한 믿음을 만나보지 못하였노라 또 너희에게 이르노니 동서로부터 많은 사람이 이르러 아브라함과 이삭과 야곱과 함께 천국에 앉으려니와 나라의 본 자손들은 바깥 어두운데 쫓겨나 거기서 울며 이를 갊이 있으리라 예수께서 백부장에게 이르시되 가라 네 믿은대로 될찌어다 하시니 그 시로 하인이 나으니라

믿는다면 이웃을 사랑해야 하는데 할 수 있겠나?

백부장은 자기 직책의 옷을 벗을 지도 모르는 상황에서
자기 하인을 위해 예수님을 찾아갔던 것이다.
주님의 마음을 가지고 있는 사람은
육신의 생각이 조금도 없는 조건 없는 사랑을 한다.
나로서는 도저히 안 되지만
주님께서 내 안에 오시면 가능한 일이다!

주님은 사랑이시라네.

> 오늘 주님께서 무슨 말씀을 해주셨나요? 많이 꾸중하셨나요?
> 책망이 여러분께 빛이 되기를...깨달은 말씀을 기록하고 넘어가
> 세요.

마8:5-13

아하! 새 계명(그리스도의 마음)을 겔36:26; 롬8:2 선물 받고 보니 이웃을 볼 때 주님을 대하듯 서로 사랑하며 살아지는 법이로 구나. 예수님께서 요13:34 우리를 사랑한 법으로 우리도 서로 사랑하며 살아갈 수 있구나. 요5:19-20.

롬13:10

요13:34

갈5:22-23

요일4:16

고후5:14

고전16:22

살후2:9-12

살후2:13-17

엡5:5-9

♥마9:35

예수께서 모든 성과 촌에 두루 다니사 저희 회당에서 가르치시며 천국 복음을 전파하시며 모든 병과 모든 약한 것을 고치시니라

"천국복음으로 천국백성 되어 이웃 사랑"

예수 그리스도가 천국이니
그가 주시는 성령세례를 받아 그의 백성이 된 사람은
계명을 지키게 해주시니 성령을 구하는 기도를 반드시 해야 한다.

성령을 받아야 착한 일을 할 수 있다네.
육신의 생각으로는 착한 일이 무엇인지도 알 수가 없지.

착한 일이 무엇이라고 생각하나?

> 우리는 보통 선악을 구분할 수 있다고 생각합니다.
> 우리는 어떻게 해야 선을 행할 수 있을까요?
> 깨달은 말씀을 기록해 보세요.

엡1:17-18

우리 주 예수 그리스도의 하나님, 영광의 아버지께서 지혜와 계시의 정신을 너희에게 주사 하나님을 알게 하시고 너희 마음눈을 밝히사 그의 부르심의 소망이 무엇이며 성도 안에서 그 기업의 영광의 풍성이 무엇이며

아하! 주님이 부르시는 음성을 들을 수 있어야(계3:20) 그리스도 안에서 구속받고(엡1:7) 은혜의 삶. 지혜와 계시의 정신(그리스도의 마음)을 선물 받고 하나님 아버지를 알게 하시니 드디어 마음의 눈이 뜨여 아버지께서 원하시는 교회가 되어 천국을 하나님 나라를 이루고 그 안에서 행복하게 살아가는구나.

요일2:3-4 계명을 지켜야 천국.

요일3:8-10

요13:34

요일4:7-16

요14:21

요14:15
눅11:9-13
행10:38
요15:12

♥마10:1
　예수께서 그 열 두 제자를 부르사 더러운 귀신을 쫓아내며 모든 병과 모든 약한 것을 고치는 권능을 주시니라

성령께서 하시는 일은 주님을 보고 듣게 하여
가르쳐 주신대로 행하게 하니 귀신을 다스리고 정복하고
하늘과 땅의 모든 권세를 내가 누리게 하신다.
내 안에 계신 주님이 다 이루시니 이 모든 것이 은혜다.

하나님께서 가장 좋은 것(성령) 주신다고 한 것이
바로 이런 삶을 주기 위한 거라네.
문제는 아직도 육의 것이 더 좋다고 하는
속삭임에 자신도 모르게 끌려가는 것이지. ㅠ

아하! 제자들에게만 막4:1-12 하나님 나라의 비밀, 마13:11 천국의 비밀, 지혜와 계시의 정신(그리스도의 마음)을 주어 마음눈을 밝히시고 보고 듣고 살게 하사 영광을 받으시는구나.

나를 어떻게 지으셨는지 다시 한 번 말씀으로 확인해보세요.
새롭게 보이는 말씀이 있나요? ✍

창1:26-28

형상(모양)에 마귀 또는 하나님, 이 둘 중 하나를 담을 수 있게 지으셨다.

① 요일5:11-12 그리스도 안에서 새 생명을 요일3:9 하나님의 씨를 얻은 자는 주님으로 더불어 먹고 산다. 계3:20 선을 이루고 산다.

② 육신의 우리 아버지 마귀. 마귀의 씨로 태어나 마귀의 생각과 마음, 뜻으로 산다. 곧 죽기까지 욕심을 찾아 살다가 죽는다.

마4:18-22

눅5:3-11

마28:18-20

마19:26-30

마13:10-16

눅8:9-15

♥ **마11:25-27**

그 때에 예수께서 대답하여 가라사대 천지의 주재이신 아버지여 이것을 지혜롭고 슬기 있는 자들에게는 숨기시고 어린 아이들에게는 나타내심을 감사하나이다 옳소이다 이렇게 된 것이 아버지의 뜻이니이다 내 아버지께서 모든 것을 내게 주셨으니 아버지 외에는 아들을 아는 자가 없고 아들과 또 아들의 소원대로 계시를 받는 자 외에는 아버지를 아는 자가 없느니라

어떤 사람에게 주님이 나타나실 거라고 생각하나?

어린 아이는 계산하고 머리 굴리지 않고 엄마의 손길을 기다린다.
이와 같이 주님을 믿고 따르고 기다리니
주님께서 드디어 내게 말씀하시기 시작한다.
돈 주고 살 수 있는 것도 아니며
세상 지혜 지식으로 닿을 수 없는 것
하나님의 지혜 지식은 그리스도 안에 가득하다.
단, 내 생각이 있는 한
절대로 절대로 안 된다는 거.

마음과 생각이 주님의 마음과 생각으로 바뀌는 것이 구원이라네.
우리 사람이 마음을 다하고 성품을 다하여 하나님께로 돌아오기만 기다리셔.

> 보이지 않는 하나님을 당신은 어떻게 믿나요? 보이는 형상으로 바꾸어 믿고 있지는 않나요? 쓸 자리가 부족하더라도 넓은 마음으로 이해해 주세요. ✍

엡1:17-18

호2:19-20

겔36:25-28

갈2:20

요13:34

♥마11:28-30

   수고하고 무거운 짐진 자들아 다 내게로 오라 내가 너희를 쉬게 하리라 나는 마음이 온유하고 겸손하니 나의 멍에를 메고 내게 배우라 그러면 너희 마음이 쉼을 얻으리니
   이는 내 멍에는 쉽고 내 짐은 가벼움이라 하시니라

본래 구원은 쉽고 가벼운 것이다.
주님께 다 맡기는 게 어려운 것은
아직 믿는 가운데 있지 않다는 것이다.
입술로는 믿는다 하고 마음으로 안 믿어지는 이상한 현상…

성삼위 하나님의 성품과 마음인
주님의 말씀이 내 안에 있어야 쉴 수 있는데

그럼 그 안에 대체 뭐가 있는 건가?

내 속에는 온갖 세상 잡동사니로 가득해.

이대로는 주님께서 들어오실 틈이 없어.
주님께서 일하시기 전에 또 내가 앞서가고
게다가 묻지도 않는다.
내가 먼저 나간다. 참 빠르게도.

말씀과 삶이 일치되지 못하는 것에 대해
근심을 해 본적이 있나?

> 주님께 마음 문을 열어 주세요. 일치한 마음을 우리가 선물 받을 때 비로소 말씀과 하나 된 삶이 시작됩니다. 깨달은 말씀을 기록해 보세요. ✍

마13:16

요15:1-12

요14:26

요10:27

호2:19-20

요일2:27

요6:40

마11:25-30

그 때에 예수께서 대답하여 가라사대 천지의 주재이신 아버지여 이것을 지혜롭고 슬기 있는 자들에게는 숨기시고 어린 아이들에게는 나타내심을 감사하나이다 옳소이다 이렇게 된 것이 아버지의 뜻이니이다 내 아버지께서 모든 것을 내게 주셨으니 아버지 외에는 아들을 아는 자가 없고 아들과 또 아들의 소원대로 계시를 받는 자 외에는 아버지를 아는 자가 없느니라

수고하고 무거운 짐진 자들아 다 내게로 오라 내가 너희를 쉬게 하리라 나는 마음이 온유하고 겸손하니 나의 멍에를 메고 내게 배우라 그러면 너희 마음이 쉼을 얻으리니 이는 내 멍에는 쉽고 내 짐은 가벼움이라 하시니라

아하! 미련하고 약하고 천하고 멸시받는 나를(고전1:27-28) 부르시고 택하사 제자 삼으시고 새로운 피조물로 만드시고(고후5:17) 하나님께서 친히 온전케 하시며 강하게 견고케 하시는구나.(벧전5:10) 그러니 빨리 돌아가자! 성령, 새 예루살렘으로 달려가자!(갈4:26) 생수가 넘치는 곳, 그리스도께로 달려가자!(엡1:17-23 교회되어 살자.)

마19:26 제자에게만 비밀을 전하시고 하나님께서는 다 할 수 있느니라고 하심.

막4:10-12

롬8:13

렘17:9

창6:5

고후10:5-6

갈3:24-29

갈2:20

벧전1:3

골2:11-12

출14:13-14 내가 왕이 되어 나가니 쉬지 못한다.

사29:13-14

잠3:5-6

♥마12:43-45

더러운 귀신이 사람에게서 나갔을 때에 물 없는 곳으로 다니며 쉬기를 구하되 얻지 못하고 이에 가로되 내가 나온 내 집으로 돌아가리라 하고 와 보니 그 집이 비고 소제되고 수리되었거늘 이에 가서 저보다 더 악한 귀신 일곱을 데리고 들어가서 거하니 그 사람의 나중 형편이 전보다 더욱 심하게 되느니라 이 악한 세대가 또한 이렇게 되리라

계속 생명나무를 따먹어야 요6:54

예수 그리스도를 따먹어야 자라난다.

성령을 구해서 내 안에 있는 주님을 찾아

그 속에서 보이는 것 구하고 두드려 받아 얻는

주님께서 주시는 말씀.

먹어 본 사람만 아는 그 맛

주의 말씀을 받아먹지 못하는 곳으로

성령이 없는 곳으로 다니니까 말씀과 일치하지 않는 삶이 되어버렸구나.

맞네! 이제 좀 알겠나? 주의 말씀이 무엇이고
어떻게 받아먹을 수 있는지에 대해서 알아야하지만
주님께 성령을 구하는 사람이 드물다네.
그러면서도 믿는다고 하니 참...

> 하나님을 알아 갈수록 마귀가 무엇으로 어떻게 방해하는지도 알게 됩니다. 아마 당신은 상상도 못할 겁니다.

마12:28

그러나 내가 하나님의 성령을 힘입어 귀신을 쫓아내는 것이면 하나님의 나라가 이미 너희에게 임하였느니라

요8:26-29

내가 너희를 대하여 말하고 판단할 것이 많으나 나를 보내신 이가 참 되시매 내가 그에게 들은 그것을 세상에게 말하노라 하시되 저희는 아버지를 가리켜 말씀하신 줄을 깨닫지 못하더라 이에 예수께서 가라사대 너희는 인자를 든 후에 내가 그인 줄을 알고 또 내가 스스로 아무 것도 하지 아니하고 오직 아버지께서 가르치신대로 이런 것을 말하는 줄도 알리라 나를 보내신 이가 나와 함께 하시도다 내가 항상 그의 기뻐하시는 일을 행하므로 나를 혼자 두지 아니하셨느니라

아하! 성령으로 귀신 쫓아내고 새 생명으로 엡4:23-24의 진리의 거룩함으로 지으심을 받은 새 사람이 되어야 하나님이 함께 하시는 거룩한 백성의 삶을 사는구나.

행2:1-3

눅24:46-50

막16:15-18

롬8:1-2

요15:1-12

사55:1-3

마7:21-24

요7:37-39

롬14:17-18

요5:19-20

요6:40

요10:27

♥ 마13:16

그러나 너희 눈은 봄으로, 너희 귀는 들음으로 복이 있도다

"들을 귀 있는 자는 들을찌어다" 이 말씀은 육의 귀를 말하는 것이 아니다. 보고 들음으로 복이 있다 하셨는데 무엇을 보고 들어야 한

단 말인가?

마귀는 우리가 생각하는 것 이상으로 똑똑하다.
설마 "나는 마귀다" 하고 나타날까.
하나님으로 가장하여 입술로만 믿는 자 속에 역사 한다.
성령이 내 안에 오시지 않으면
내 힘으로는 이길 수 없는 존재가 바로 마귀다.

분별할 수 있게 주의 말씀이
늘 내 마음에서 살아 역사해야 한다.
(내 안에서 운동해야 즉, 체험해야 한다.)
전적으로 주님만이 의지할 분이 되어야만 한다.

주님은 이 세상 그 무엇과 바꿀 수 없는 보화인데
사람들은 전혀 모르지 저기 저 사람 좀 보겠나!

어떤 가난한 선비가 과거급제를 위해
밤낮으로 열심히 공부하고 있었어.

때마침 민생을 살피기 위해 왕이 암행 중에 있다가
이 선비를 보고 다가가 이름을 묻고 이런 저런 얘기를 하다가
품성이 착한 것을 보고 슬그머니 시제를 알려주고 떠났지.

이듬해 기다렸던 과거시험이 시작되었는데
이 사람은 왕이 준 시제를 까맣게 잊고 있었지.

모든 것이 끝나고....

그 사람의 이름이 올라오지 않은 것을
이상히 여긴 왕은
다시 어느 날 저녁 무렵
그 선비의 집에 찾아가 봤지.
왕은 여전히 글을 읽고 있는 선비를 보니
마음이 너무나 짠해서
"그래, 나랏일은 인연이 아닌듯하니"하고
금덩이 하나를 던져주고 떠났다네.
그런데 이 금덩이가 하필이면
그 선비의 이마에 맞은 거야.
"아야! 누가 던진거야?" 하고
그 돌덩이 같은 금덩이를 밖으로 내던져버렸다네 ㅠ

생명과 복과 사망과 화는
언제나 내 앞에 놓여있다네.
자기 생각으로 살다가
가장 귀한 것을 놓치면 안 되겠지.

> 보이지 않는 세계를 보고 들을 수 있게 되었다면 그 보다 기쁜 일은 없을 겁니다. 깨달은 말씀을 기록해 봅시다. ✍

요13:34
새 계명을 너희에게 주노니 서로 사랑하라 내가 너희를 사랑한것 같이 너희도 서로 사랑하라

아하! 예수님처럼 생명의 성령의 법을 선물 받아 사는 삶이 최고 복이구나.

요일2:6
요6:40 영생은 아들을 보고 믿는 것이다.
롬8:1-2
요10:27
요15:1-12
마16:16-20

마13:51-52 하나님의 생명으로 태어나 66권 말씀마다 요14:26 성령님의 가르침 받아 밤낮으로 받아먹고 (요15:1; 요10:27) 음성을 듣고 실다보니 장성한 사 되어 히5:11-14 하나님의 지각을 사용하여 선악을 분별하는 삶을 살므로 선을 행하며 사는구나.

롬10:17
요일5:10-12

♥마14:25-31

밤 사경에 예수께서 바다 위로 걸어서 제자들에게 오시니 제자들이 그 바다 위로 걸어 오심을 보고 놀라 유령이라 하며 무서워하여 소리 지르거늘 예수께서 즉시 일러 가라사대 안심하라 내니 두려워 말라 베드로가 대답하여 가로되 주여 만일 주시어든 나를 명하사 물 위로 오라 하소서 한대 오라 하시니 베드로가 배에서 내려 물 위로 걸어서 예수께로 가되 바람을 보고 무서워 빠져 가는지라 소리질러 가로되 주여 나를 구원하소서 하니 예수께서 즉시 손을 내밀어 저를 붙잡으시며 가라사대 믿음이 적은 자여 왜 의심하였느냐 하시고

나를 돕기 위해 계시는 주.
간혹 넘어질 때도 있지만
내 안에 계신 주님을 부르면
즉시 손 내밀어 주시니
주님을 신뢰하고 믿고 나아가자.
주님의 자리에 세상을 두지 말자.

육의 눈으로 보이지 않는
영원의 세계에 대해 알아간다는 것은
최고의 학문이자 황홀한 체험이구나.

주님께서는 자신의 머리 둘 곳으로 우리 각자의 마음을 원하신다네.
자네를 통해 하나님 자신이 영광을 받으시기를 기뻐하시거든.
그 분은 약속을 반드시 지키시는 분이시지.

생각보다 그 마음을 내어주는 사람이 많지 않아.

※성령을 따르다가도 어느새 길을 잃고
빠져나오지 못하는 경우가 허다하네.

진리를 잃어버리지 않도록
성령을 구하는 일을 쉬지 말게.
나 참! 잔소리꾼이 된 기분이구만
안심이 안 되서 그러니 이해해주게.

> 출발선을 알아야 길을 잃었을 때 다시 돌아갈 수가 있겠지요. 우리 각자는 잘못되었을 때 돌아갈 용기가 필요해요. 출발선이 어디 입니까? ✍

요일3:8-10

요14:6

엡1:7

엡1:17-23

♥**마15:22, 24, 28**

가나안 여자 하나가 그 지경에서 나와서 소리질러 가로되 주 다윗의 자손이여 나를 불쌍히 여기소서 내 딸이 흉악히 귀신들렸나이다 하되 예수께서 대답하여 가라사대 나는 이스라엘 집의 잃어 버린 양 외에는 다른데로 보내심을 받지 아니하였노라 하신대 이에 예수께서 대답하여 가라사대 여자야 네 믿음이 크도다 네 소원대로 되리라 하시니 그 시로부터 그의 딸이 나으니라

자신이 누구인지 예수님이 누구신지 아는 사람은
문제가 있을 때 제대로 찾아간다.
그리고 어떤 시험이 와도 믿음을 지켜낸다.

저 가나안의 여인은 어떤 말에도 흥분하지 않고
믿음을 지키고 소원도 이룬다.

아직도 내가 할 수 있다하는 사람에겐
절대로 절대로 이러한 일이 일어나지 않는다.

> 주님을 신랑으로 맞이하려면 정결한 처녀가 되어야 한답니다.
> 어떻게 해야 정결해 질까요? 새롭게 깨달은 말씀을 기록해 보세요.
>

고후11:2 내가 정결한 처녀가 되면 그리스도가 남편이 된다.

내가 하나님의 열심으로 너희를 위하여 열심 내노니 내가 너희를 정결한 처녀로 한 남편인 그리스도께 드리려고 중매함이로다

계22:1-5

또 저가 수정 같이 맑은 생명수의 강을 내게 보이니 하나님과 및 어린 양의 보좌로부터 나서 길 가운데로 흐르더라 강 좌우에 생명 나무가 있어 열 두가지 실과를 맺히되 달마다 그 실과를 맺히고 그 나무 잎사귀들은 만국을 소성하기 위하여 있더라 다시 저주가 없으며 하나님과 그 어린 양의 보좌가 그 가운데 있으리니 그의 종들이 그를 섬기며 그의 얼굴을 볼터이요 그의 이름도 저희 이마에 있으리라 다시 밤이 없겠고 등불과 햇빛이 쓸데 없으니 이는 주 하나님이 저희에게 비취심이라 저희가 세세토록 왕노릇하리로다

아하! 성령세례를 받고 이마에 이름을 받은 자의 삶은 오직 영원한 남편되시고 주인 되신 예수 그리스도의 은혜의 해를 바라보는 삶을 사니 평강 가운데 감사함을 누리고 사는구나.

호2:19-20

계19:1-10

마16:16-19

계3:7

렘31:31-34

렘33:14-15

슥12:10

사2:1-3
사11:1-5
히2:10-12
롬8:29
히13:20-21
시23:1-6
사9:6-7

♥마16:16
   시몬 베드로가 대답하여 가로되
   주는 그리스도시오 살아계신 하나님의 아들이시니이다

마음 밖에서 도우셨던 구약의 하나님께서
나를 돕는 주님으로 내 마음 안으로 들어오셔서
모든 것 도와주시는 나의 남편이자 주가 되신다는
두 번째 약속을 믿고 새 생명을 얻는다.
아- 믿어야하는 것은 바로 이 약속이구나.

예수님은 하나님 아버지께서 약속하신 것을
온전히 이루러 오신 살아계신 영원한 왕, 그리스도이시네.
새 언약의 약속을 온전히(요19:30) 이루시고
자네를 완전한 자로 세우시기 위해 다시 오실 분이시라네.

그리스도 안에서 완전한 자로 세워진다고 했는데...

그리스도 안에 들어가려면 성령세례를 받아야 한다.
그래, 그것이 이루어질 때까지
주님께서 나타나실 때까지
떠나지 말고 그리스도의 인내를 구해야한다.

> 성령 세례를 받으셨나요? 어떤 이유로 받았다고 확신할 수가 있나요? 깨달은 말씀을 기록해 봅시다. ✍

창17:9-11

하나님이 또 아브라함에게 이르시되 그런즉 너는 내 언약을 지키고 네 후손도 대대로 지키라 너희 중 남자는 다 할례를 받으라 이것이 나와 너희와 너희 후손 사이에 지킬 내 언약이니라 너희는 양피를 베어라 이것이 나와 너희 사이의 언약의 표징이니라

신30:6

네 하나님 여호와께서 네 마음과 네 자손의 마음에 할례를 베푸사 너로 마음을 다하며 성품을 다하여 네 하나님 여호와를 사랑하게 하사 너로 생명을 얻게 하실 것이며

아하! 할례의 언약을 믿는(이 복음을 믿고 세례를 받은) 자에게 주는 은총의 삶은 새 계명을 받아 누리는 거룩한 삶이구나.

엡4:23-24

벧전1:9,23-25

마13:37-38

롬2:29

골2:11-12

마3:11

히10:9-10

히7:28-8:1-13

히13:6 나를 돕는 분은 주님이시다.

골1:24-28

창17:1

행20:20-24

♥마16:24

이에 예수께서 제자들에게 이르시되 아무든지 나를 따라 오려거든 자기를 부인하고 자기 십자가를 지고 나를 좇을 것이니라

롬8:6; 렘17:9 만물보다 거짓된 나.
성삼위 하나님을 입술로만 시인하는 모든 가르침 딤전4:1 귀신의 가르침을 받고 사는 거짓말쟁이 요8:44. 그런 나는 죽고 롬8:13 그리스도가 주인 된 삶 갈2:20. 곧 보고 들으면서 살게 된다. 요6:40; 요10:27.

> 자기를 부인한다는 것에 대해 더 깊이 깨달을 필요가 있어요. 또한 귀신의 가르침이란 것도요. 새롭게 깨달은 말씀을 기록하고 넘어가세요. ✍

롬8:6

렘17:9

딤전4:1

요8:44

고후11:4,13-15

요15:12

요6:40

요10:27

요14:15

♥**마17:4-8**

베드로가 예수께 여짜와 가로되 주여 우리가 여기 있는 것이 좋사오니 주께서 만일 원하시면 내가 여기서 초막 셋을 짓되 하나는 주를 위하여, 하나는 모세를 위하여, 하나는 엘리야를 위하여 하리이다 말할 때에 홀연히 빛난 구름이 저희를 덮으며 구름 속에서 소리가 나서 가로되 이는 내 사랑하는 아들이요 내 기뻐하는 자니 너희는 저의 말을 들으라 하는지라 제자들이 듣고 엎드리어 심히 두려워하니 예수께서 나아와 저희에게 손을 대시며 가라사대 일어나라 두려워 말라 하신대 제자들이 눈을 들고 보매 오직 예수 외에는 아무도 보이지 아

니하더라

내가 열심히 주야로 그리스도의 복음 곧 그리스도의 은혜 안에 살다보니 갈1:4-10 엘리야도 모세도 떠나고 마음의 눈이 뜨여 예수님이 보이고 주의 음성이 들리는구나. 여기가 너무 좋다.

주님은 내 남편. 남자나 여자 없이
인류가 그의 신부가 될 때 행복이라네.

> 주님께서 나에게 장가 올 수 있도록 준비해야 합니다. 새롭게 깨달은 말씀을 기록하여 봅시다. ✍

요14:20

그 날에는 내가 아버지 안에, 너희가 내 안에, 내가 너희 안에 있는 것을 너희가 알리라

아하! 성령세례 받고 보니 주 예수님만 보인다. 이제 생명이, 마음이, 이름이 하나 됨을 보고 범사에 골3:17 주 예수 이름으로 영광의 삶을 살게 되는구나. 마6:9.

마17:14-20

저희가 무리에게 이르매 한 사람이 예수께 와서 꿇어 엎드리어 가로되 주여 내 아들을 불쌍히 여기소서 저가 간질로 심히 고생하여 자

주 불에도 넘어지며 물에도 넘어지는지라 내가 주의 제자들에게 데리고 왔으나 능히 고치지 못하더이다
예수께서 대답하여 가라사대 믿음이 없고 패역한 세대여 내가 얼마나 너희와 함께 있으며 얼마나 너희를 참으리요 그를 이리로 데려오라 하시다 이에 예수께서 꾸짖으시니 귀신이 나가고 아이가 그때부터 나으니라 이 때에 제자들이 종용히 예수께 나아와 가로되 우리는 어찌하여 쫓아내지 못하였나이까 가라사대 너희 믿음이 적은 연고니라 진실로 너희에게 이르노니 너희가 만일 믿음이 한 겨자씨만큼만 있으면 이 산을 명하여 여기서 저기로 옮기라 하여도 옮길 것이요 또 너희가 못할 것이 없으리라

아하! 겨자씨만한 믿음이 있어도 간질병자도 고치니 이 믿음을 주심에 (고후13:5) 무한 감사와 기적의 삶, 영광과 존귀가 하나님께만 있사옵나이다.

갈3:24 마음에 그리스도가 오셔서 사시는 것이 믿음이고 의로구나!

고후11:2

갈3:24-27

고후13:5

히11:1-3

♥마18:14
이와 같이 이 소자 중에 하나라도 잃어지는 것은
하늘에 계신 너희 아버지의 뜻이 아니니라

여기가 좋습니다.(요14:20; 마17:8)

아버지의 뜻을 따라 그리스도 안에서
"내가 다 해 주마" 두 번째 약속을 믿고 돌아오기만을 기다리신다.

방향 없는 믿음이 아니라네. 목표가 있는 믿음이야.
정말로 하나님께 돌아가고 싶은가?

믿음. 어떤 믿음? 무엇이 믿음인가요?

♥마19:16-22

> 어떤 사람이 주께 와서 가로되 선생님이여 내가 무슨 선한 일을 하여야 영생을 얻으리이까 예수께서 가라사대 어찌하여 선한 일을 내게 묻느냐 선한이는 오직 한 분이시니라 네가 생명에 들어 가려면 계명들을 지키라 가로되 어느 계명이오니이까 예수께서 가라사대 살인하지 말라, 간음하지 말라, 도적질하지 말라, 거짓증거하지 말라, 네 부모를 공경하라, 네 이웃을 네 몸과 같이 사랑하라 하신 것이니라 그 청년이 가로되 이 모든 것을 내가 지키었사오니 아직도 무엇이 부족하니이까 예수께서 가라사대 네가 온전하고자 할찐대 가서 네 소유를 팔아 가난한 자들을 주라 그리하면 하늘에서 보화가 네게 있으리라 그리고 와서 나를 좇으라 하시니 그 청년이 재물이 많으므로 이 말씀을 듣고 근심하며 가니라

사람은 안 되나 하나님은 할 수 있으니... 내 마음 내 생각으로
했던 것은 하나님과 원수만 될 뿐이다. 욕심 많은 부자가
천국에 못 들어가지 나눌 줄 아는 부자는 들어간다. 행20:35.

내 마음 내 생각을 다 버린 자가 제자라네.
누구나 제자가 되어야 길을 안내 받을 수가 있네.

> 주님께서 나에게 장가 올 수 있도록 준비해야 합니다. 새롭게 깨달은 말씀을 기록하여 봅시다.

렘17:9 선을 행할 수 없는 나임이 깨달아졌을 때
만물보다 거짓되고 심히 부패한 것은 마음이라 누가 능히 이를 알리요마는

롬8:6-8
육신의 생각은 사망이요 영의 생각은 생명과 평안이니라 육신의 생각은 하나님과 원수가 되나니 이는 하나님의 법에 굴복치 아니할뿐 아니라 할 수도 없음이라 육신에 있는 자들은 하나님을 기쁘시게 할 수 없느니라

아하! 만물보다 거짓되고 마음과 생각이 탐욕과 악독으로 가득한 나는 할 수 없음에도 할 수 있다는 교만과 미련함으로 나는 나의 왕국에 사로 잡혀 결국 욕심 때문에 주님을 떠나게 되는구나.

딤전4:1
고후11:4
요8:44

♥마19:23-30

예수께서 제자들에게 이르시되 내가 진실로 너희에게 이르노니 부자는 천국에 들어가기가 어려우니라 다시 너희에게 말하노니 약대가 바늘귀로 들어가는 것이 부자가 하나님의 나라에 들어가는 것보다 쉬우니라 하신대 제자들이 듣고 심히 놀라 가로되 그런즉 누가 구원을 얻을 수 있으리이까 예수께서 저희를 보시며 가라사대 사람으로는 할 수 없으되 하나님으로서는 다 할 수 있느니라 이에 베드로가 대답하여 가로되 보소서 우리가 모든 것을 버리고 주를 좇았사오니 그런즉 우리가 무엇을 얻으리이까 예수께서 가라사대 내가 진실로 너희에게 이르노니 세상이 새롭게 되어 인자가 자기 영광의 보좌에 앉을 때에 나를 좇는 너희도 열 두 보좌에 앉아 이스라엘 열 두 지파를 심판하리라 또 내 이름을 위하여 집이나 형제나 자매나 부모나 자식이나 전토를 버린 자마다 여러 배를 받고 또 영생을 상속하리라 그러나 먼저 된 자로서 나중 되고 나중 된 자로서 먼저 될 자가 많으니라

아하! 마19:26 하나님만 하실 수 있구나. 마19:29 다 버리는 것도 내가 죽어야 버리게 되고 이때부터 영이 살고 영생의 삶을 사는구나.

마16:26-28

막4:10-12

♥마20:26-28

너희 중에는 그렇지 아니하니 너희 중에 누구든지 크고자 하는 자는

너희를 섬기는 자가 되고 너희 중에 누구든지 으뜸이 되고자 하는 자는 너희 종이 되어야 하리라
인자가 온 것은 섬김을 받으려 함이 아니라 도리어 섬기려 하고 자기 목숨을 많은 사람의 대속물로 주려 함이니라

섬기는 종이 되는 복은 그리스도를 머리고 하고
새 계명을 주신대로 하나님 사랑, 이웃 사랑을 하는 것이다.

예수님은 하나님을 머리로 하고
받은 새 계명을 완성하시려고 십자가에서 죽으시고
이제는 우리 안에 오셔서 우리를 섬기고 계심을 맛보아야
그 사랑을 느낄 수가 있네.
아무것도 못 느낀다면 진단 하건데
영적인 문둥병자나 다름이 없는 것이네.

> 표현이 서툴러서 처음에 이해하기 힘든 부분이 있을 수 있습니다. 그러나 깨닫는 마음을 주께서 이 책을 보는 독자에게 주실 줄 믿습니다. 🖎

고후3:6 육의 심비에 이른 말로 살아 새 언약의 일군 된다.
저가 또 우리로 새 언약의 일군 되기에 만족케 하셨으니 의문으로 하지 아니하고 오직 영으로 함이니 의문은 죽이는 것이요 영은 살리는 것임이니라

고후4:7

우리가 이 보배를 질그릇에 가졌으니 이는 능력의 심히 큰 것이 하나님께 있고 우리에게 있지 아니함을 알게 하려 함이라

아하! 내가 갈2:20 그리스도와 함께 죽고 내 속사람이 산 자는 새 언약의 일군 되기에 만족케 하셨으니 그 보배를 질그릇에 담은 자는 예수님처럼 살게 되는 요5:19-20 비밀을 열고 그 안에서 보고 들으며 예수님의 사랑, 계명을 지키는 삶을 사는 요14:15 영광으로 영광에 이르니 곧 주의 영으로 사는구나. 고후3:18.

요14:20
요15:1-12
히4:10
마11:28-30
시68:19
갈2:20-21

♥마21:43
그러므로 내가 너희에게 이르노니 하나님의 나라를 너희는 빼앗기고 그 나라의 열매 맺는 백성이 받으리라

정신 차리고 보면 마음을 긴장 시키는 말씀이다.
전에는 그렇게 보이지 않았는데…,
그 나라의 열매를 맺지 않으면 헛된 것이 되고 만다.

성령 받은 사람의 열매가 무엇인지 안다면
내가 길을 바르게 가고 있는지도 알 수 있다!

그래, 스스로가 알 수가 있어야해.

실제 삶에서 이루어져야 하네.
경건의 훈련의 과정을 반드시 거쳐야해.
그러나 이것을 복으로 여기는 자를 찾기 힘들구만... 쯧쯧
그래야 주님이 일하심을 체험할 수가 있는데 말이네.

갈2:20 주께서 내 안에 계시면(성령님) 때로는 마음으로, 때로는 음성을 주셔서 용서하고 사랑하여 마5:11-12; 마5:44-45의 삶이 이루어지는 기적을 맛보고 나면 경건의 훈련을 저절로 받게 되지. 곧 주님의 마음으로 갈5:22-23 사랑과 희락과 화평...성령의 열매들이 내 안에서 열매 맺는 것을 체험하면 너무너무 행복하다네.

> 경건의 훈련 중 주님께서 지시한 일은 세상 사람이 보기에 꺼리거나 손해 보는 일일 수 있습니다. 하지만 주님의 나타나심을 보는 것은 이 비밀로 이루지는 것입니다. ✍

딤전6:12,14-15
　믿음의 선한 싸움을 싸우라 영생을 취하라 이를 위하여 네가 부르심

을 입었고 많은 증인 앞에서 선한 증거를 증거하였도다 우리 주 예수 그리스도 나타나실 때까지 점도 없고 책망 받을 것도 없이 이 명령을 지키라 기약이 이르면 하나님이 그의 나타나심을 보이시리니 하나님은 복되시고 홀로 한 분이신 능하신 자이며 만왕의 왕이시며 만주의 주시요

〈경건의 훈련〉 믿음의 선한 싸움은 주님의 성품에 참여하는 삶을 말한다. 그러므로 약3:14-16의 세상적이요 정욕적이요 마귀적인 삶에서 새 계명을 요13:34 선물 받고 주님의 마음, 주님의 생각으로 아버지의 뜻을 이루는 삶을 살기 위하여 경건의 훈련은 꼭 받아야 한다.

엡4:23-24 심령이 새롭게 되어 의와 진리의 거룩함으로 지으심을
　　　　　　받은 새 사람

갈5:22-26

벧후1:5-9

♥마22:14
　청함을 받은 자는 많되 택함을 입은 자는 적으니라

여기가 맞나?... 분명 이 주소가 맞는데
너무 복잡하다 사람들이 왜 이렇게 많은 거야?
왜 이렇게 소란스럽나 했더니

제각기 자기가 만든 옷을 입고 자랑하느라 정신이 없네.
가만 있어 보자..., 여길 통과해서 가야 하는데 어!
저 옷을 입은 사람들만 그냥 통과하네.
...., ...,
왜 경건을 통과해야 하는지 이제야 알겠어.
원수까지 사랑하는 사람 중에 택하신다.
열매는 이런 것이 내게 있어야해.
모르거나 속이고 갈 수 있는 곳이 절대로 아니다.

양 되고 백성 된 자가 그리스도 옷(예복) 입는다네.
물론 그 옷은 하나님이 직접 만들어 주시지.
내가 만드는 게 아니라네.

> 율법이 법 있게 쓰여질 때는 목적이 바로 서 있을 때입니다. 만약 반대로 선한 목적을 벗어나서 쓰일 때는 나를 죽이기도 합니다.
>
>

갈3:24-27

이같이 율법이 우리를 그리스도에게로 인도하는 몽학선생이 되어 우리로 하여금 믿음으로 말미암아 의롭다 함을 얻게 하려 함이니라 믿음이 온 후로는 우리가 몽학선생 아래 있지 아니하도다 너희가 다 믿음으로 말미암아 그리스도 예수 안에서 하나님의 아들이 되었으니 누구든지 그리스도와 합하여 세례를 받은 자는 그리스도로 옷 입

었느니라

아하! 율법은 그리스도에게 인도하는 몽학선생이구나. 그리스도께 돌아가면 성령세례를 베푸사 계명을 이루는 삶이 된다. 곧 새 생명을 얻어 그리스도의 옷을 선물 받은 승리의 삶이다. 이 사람이 아브라함의 유업을 상속 받는다.

갈5:24

♥마23:10, 37

또한 지도자라 칭함을 받지 말라 너희 지도자는 하나이니 곧 그리스도니라 예루살렘아 예루살렘아 선지자들을 죽이고 네게 파송된 자들을 돌로 치는 자여 암탉이 그 새끼를 날개 아래 모음 같이 내가 네 자녀를 모으려 한 일이 몇 번이냐 그러나 너희가 원치 아니하였도다

주님께서 나에게 가르쳐 주지 않으시면
나는 볼 수도 들을 수도 없어서
하나님의 뜻을 모르고 오히려 원수 된 일만 하게 된다.
내가 정말로 어리석은 자였구나.

지도자인 그리스도를 모시고 함께 해야 하네.
흠, 주님이 어떤 분이신지 알고 있나?
주께서 이끄시고 가려는 곳이 어디인지 궁금하지 않은가?

아하! 주님께서 나를 이끌고 가시려는 곳은 생수가 넘치는 곳이다. 사55:1-3; 요7:37-39; 계22:1-17 우리가 그리스도께 속히 돌아가 성령 세례 받고 그리스도의 마음을 선물 받아 육신의 삶에서 남편이신 그리스도와 함께하는 호2:19-20 신앙생활과 갈5:24을 살 때 날마다 하나님 나라를 이루고 롬14:17 오직 성령 안에서 의와 평강과 희락이 넘치는 삶, 은총의 삶 살기를 원하시는 분이 우리 주님이시구나.

♥마24:13-14
그러나 끝까지 견디는 자는 구원을 얻으리라 이 천국 복음이 모든 민족에게 증거 되기 위하여 온 세상에 전파되리니 그제야 끝이 오리라

애매히 받는 고난과 핍박이
왜 내게 구원에 이르게 하는지
도무지 육으로 살 때는 알지 못하게끔 되어있다.

육으로 태어났다면
이제 영으로도 생명을 얻어야한다.
죄로 형성된 육이 할 수 있는 것은
도무지 아무것도 없는데 잘도 속고 또 속아 왔구나.
이 모든 것으로부터 세례를 받고
영의 생명으로 태어나 자라나기 위해

핍박과 능욕을 복으로 알게 됨은

이러한 때 간절히 구하고 찾는 자에게

주님께서 마음 주시고 음성을 들려 주셔서

천국을, 하나님 나라를 맛보며 살게 하신다.

비로소 보배가 그리스도 주님뿐이라는

믿음에 서게 되는 것이다.

오직 받아 본 사람, 맛을 본 사람만이 알 수 있다.

세상 끝 날이 점점 다가오고 있다....., ...,

먼저는 개인의 끝 날이 멀지 않았다네.

그러니 어떠한 사람이 되어야 하겠나?

세상에서 좀 낫다하는 도덕적인 사람을 말하는 것이 아니네.

> 세상의 법, 또한 윤리와 도덕도 아닙니다. 하나님의 사람은 가장 높은 법을 따르는 자 입니다. 깨달은 말씀을 기록해 봅시다.

딤전6:11-12

오직 너 하나님의 사람아 이것들을 피하고 의와 경건과 믿음과 사랑과 인내와 온유를 좇으며 믿음의 선한 싸움을 싸우라 영생을 취하라 이를 위하여 네가 부르심을 입었고 많은 증인 앞에서 선한 증거를 증거하였도다

아하! 오직 너 하나님의 사람아! 세상 사랑, 돈 사랑 등을 피하고 의와 경건과 믿음과 사랑과 인내와 온유를 쫓으며 믿음의 선한 싸움을 싸우며 주 안에서 살아라.

마5:3-5,11-12 사랑(주님)으로 인한 핍박. 경건의 훈련

딤전4:8

롬8:17

히11:26

요14:18

미6:8

♥마25:1-13

그 때에 천국은 마치 등을 들고 신랑을 맞으러 나간 열 처녀와 같다 하리니 그 중에 다섯은 미련하고 다섯은 슬기 있는지라
미련한 자들은 등을 가지되 기름을 가지지 아니하고 슬기 있는 자들은 그릇에 기름을 담아 등과 함께 가져갔더니 신랑이 더디 오므로 다 졸며 잘쌔 밤중에 소리가 나되 보라 신랑이로다 맞으러 나오라 하매 이에 그 처녀들이 다 일어나 등을 준비할쌔 미련한 자들이 슬기 있는 자들에게 이르되 우리 등불이 꺼져가니 너희 기름을 좀 나눠 달라 하거늘 슬기 있는 자들이 대답하여 가로되 우리와 너희의 쓰기에 다 부족할까 하노니 차라리 파는 자들에게 가서 너희 쓸 것을 사라 하니 저희가 사러 간 동안에 신랑이 오므로 예비하였던 자들은 함께 혼인 잔치에 들어가고 문은 닫힌지라 그 후에 남은 처녀들이 와서 가로되 주여 주여 우리에게 열어 주소서 대답하여 가로되 진실로 너희에게

이르노니 내가 너희를 알지 못하노라 하였느니라 그런즉 깨어 있으라 너희는 그 날과 그 시를 알지 못하느니라

내 마음, 내 생각, 잠재의식까지도 실은 내가 아니다.
이것으로는 온전한 옷을 만들지 못한다.
오직 성령의 인도함을 받아 말세에 천국 복음으로 무장하고…
이렇게 표현을 하니 군사가 된 기분!

천국은 예수 그리스도가 내 안에 고후13:5 계시는 것이다.

그렇다면 한 가지 질문을 해보겠네.
마지막 자네의 원수가 누구이겠는가?
누가 그토록 하나님께로 돌아가려는 자네를 막아서느냐 말이네.

어려운 질문인가? 허허-

육체를 신뢰하는 자네 자신이라네. 시55:12-19.

> '나'라고 생각했던 '내가' 내가 아니라고? 그게 내가 맞는다면 가장 좋은 길로 가려는 나를 어떤 이유로든 방해해서는 안 되는 것 아닌가요? 내가 누구인지 알아야 될 필요가 있습니다. 새롭게 깨달은 말씀을 기록해 봅시다. ✍

고후3:6

저가 또 우리로 새 언약의 일군 되기에 만족케 하셨으니 의문으로 하지 아니하고 오직 영으로 함이니 의문은 죽이는 것이요 영은 살리는 것임이니라

아하! 의문으로 하지 아니하고 오직 영으로 함이니 의문은 죽이는 것이요 영은 살리는 것이다. 내가 하면 망하고 하나님이 하시면 흥한다. 벧전5:10; 고전15:54-58

고후3:3   심비에 주님께서 이르는 말씀

겔3:1-3

롬2:29

고후13:5

엡3:17-19

요15:1-12

♥마26:26-28

저희가 먹을 때에 예수께서 떡을 가지사 축복하시고 떼어 제자들을 주시며 가라사대 받아 먹으라 이것이 내 몸이니라 하시고
또 잔을 가지사 사례하시고 저희에게 주시며 가라사대 너희가 다 이것을 마시라 이것은 죄 사함을 얻게 하려고 많은 사람을 위하여 흘리는바 나의 피 곧 언약의 피니라

아담과 하와가 말씀을 어기고 에덴에서 쫓겨 나갔지만
하나님은 돌아올 수 있는 길을 바로 약속하셨다.
그 약속을 이룰 아들 그리스도. 이 분이 이제부터 하시려는 일을
제자들에게 알려주고 계신 것이다. 그러나 제자들은 아직
성령세례를 받기 전이기 때문에 모든 것을 깨닫지 못하고 있다.
약속을 믿고 자기를 바라는 자들에게 영원히 함께 하시기 위해
자기 몸을 드릴 준비를 하고 계신 것이다.
우리도 성령을 받지 못하면 주님의 일을 받지도 알지도 못한다.

아들을 통해 먼저 마음과 목숨을 다해
자네에게 보내는 피로 쓰신 사랑의 편지이네.
이렇게까지 우리를 사랑하신
그 분을 믿어 볼만 하지 않은가.

> 누구에게나 주께로 가는 길이 열려 있는 것은 맞지만 돌아가는 법을 여전히 모르고 있는 경우가 많습니다. 성령 세례를 받으면 이전의 삶과는 다른 삶을 살게 됩니다. 여전히 같은 삶을 살면서도 성령 받은 것으로 살고 있지는 않은지요? 깨달은 말씀을 기록하고 넘어가세요.

히10:9-10

그 후에 말씀하시기를 보시옵소서 내가 하나님의 뜻을 행하러 왔나

이다 하셨으니 그 첫 것을 폐하심은 둘째 것을 세우려 하심이니라 이 뜻을 좇아 예수 그리스도의 몸을 단번에 드리심으로 말미암아 우리가 거룩함을 얻었노라

마6:9-10

마3:11

나는 너희로 회개케 하기 위하여 물로 세례를 주거니와 내 뒤에 오시는 이는 나보다 능력이 많으시니 나는 그의 신을 들기도 감당치 못하겠노라 그는 성령과 불로 너희에게 세례를 주실 것이요

아하! 두 번째 약속은 심령을 새롭게 하여 의와 진리의 거룩함으로 지으신 엡4:23-24 새 피조물 고후5:17의 영의 삶을 말한다. 롬8:2 생명의 성령의 법으로 마귀를 이기고 사는 삶이다.

창3:15

창17:1, 10-12

신30:6

엡4:23-24

고후5:17

롬8:2

갈2:20

요15:1-12

요13:34

♥**마26:37-46**

베드로와 세베대의 두 아들을 데리고 가실쌔 고민하고 슬퍼하사 이에 말씀하시되 내 마음이 심히 고민하여 죽게 되었으니 너희는 여기 머물러 나와 함께 깨어 있으라 하시고 조금 나아가사 얼굴을 땅에 대시고 엎드려 기도하여 가라사대 내 아버지여 만일 할만하시거든 이 잔을 내게서 지나가게 하옵소서 그러나 나의 원대로 마옵시고 아버지의 원대로 하옵소서 하시고 제자들에게 오사 그 자는 것을 보시고 베드로에게 말씀하시되 너희가 나와 함께 한 시 동안도 이렇게 깨어 있을 수 없더냐

시험에 들지 않게 깨어 있어 기도하라 마음에는 원이로되 육신이 약하도다 하시고 다시 두 번째 나아가 기도하여 가라사대 내 아버지여 만일 내가 마시지 않고는 이 잔이 내게서 지나갈 수 없거든 아버지의 원대로 되기를 원하나이다 하시고 다시 오사 보신즉 저희가 자니 이는 저희 눈이 피곤함일러라 또 저희를 두시고 나아가 세 번째 동일한 말씀으로 기도하신 후 이에 제자들에게 오사 이르시되 이제는 자고 쉬라 보라 때가 가까왔으니 인자가 죄인의 손에 팔리우느니라 일어나라 함께 가자 보라 나를 파는 자가 가까이 왔느니라

지금 내 눈에 보이는 것은
보이지 않는 세계의 결과물이다.
보이지 않는 세계에 대해 알고 사용할 줄 안다면
내 눈에 보이는 결과물도 달라진다.
예수님의 기도는 바로 그런 것이다.
예수께서 가르쳐 주시는 기도를 제대로 배워야 한다.

예수님의 기도를 잘 살펴보면 내가 해왔던 기도와 다르다는 것을 알 수 있다.

그래, 예수님은 자기 뜻대로 한 것이 아니라
하나님께서 보여주고 들려 주신대로
계명을 이루어 가신 거라네.
자네는 이제 중보자께
받은 사랑으로 새 계명을 이루게 될 것이네.

> 예수님은 자의로 한 것이 하나도 없었습니다. 그래서 어린 양입니다. 그런데 우리는 무엇이든 내 의지로 하려고 하는 습성이 있습니다. 성령 세례 받은 사람은 자의로 하지 않고 주께서 보이신 대로만 행합니다.

아하! 기도는 롬14:17 하나님의 나라를 이룰 때까지 하라.

단9:3-19
단9:20-27
단10:1-21
단6:10
시55:17

♥**마27:46**

제 구시 즈음에 예수께서 크게 소리질러 가라사대 엘리 엘리 라마 사박다니 하시니 이는 곧 나의 하나님, 나의 하나님, 어찌하여 나를 버리셨나이까 하는 뜻이라

예수님이 아버지의 뜻을 깨닫고
십자가의 고난, 고통을 참으시고
화평, 화목을 이루셨듯이

복음을 깨달은 날부터
그리스도의 은혜를 깨달은 날부터
하나님이 나에게 주신 길을 깨달은 날부터

나는 참 생명 하나님의 씨로 다시 태어나는 것이며
이때부터 열매가 맺고 자라기 시작한다.

이 세상에 하나님이 나를 보내신 이유를
알게 된 사람의 삶의 가치는 천하보다 귀하다.

알겠나? 깨달았으면 이제부터 시작이네.
알아야 할 것이 너무나 많아.
자! 시간이 없어. 부지런히 가자구.

> 내 마음 내 생각으로 여전히 살면서 육은 죽고 영이 살았다고 하지 않습니다. 하나님은 당신의 육적 도모를 이루기 위한 심부름꾼이 아닙니다. 그 반대인 경우가 되어야 하죠. 그 이름을 위하여 사는 사람에게 눈에 보이는 것도 이루어 주실 수 있지 않을까요. 먼저 살려야 하는 것은 '영'이라는 사실입니다. 먼저 해야 할 것을 생각하세요. 그렇지 않으면 다른 길로 가게 되어있습니다. ✎

갈2:20

내가 그리스도와 함께 십자가에 못 박혔나니 그런즉 이제는 내가 산 것이 아니요 오직 내 안에 그리스도께서 사신 것이라 이제 내가 육체 가운데 사는 것은 나를 사랑하사 나를 위하여 자기 몸을 버리신 하나님의 아들을 믿는 믿음 안에서 사는 것이라

아하! 기도는 단6:10; 시55:17; 골4:2; 막9:29; 살전5:17 나는 죽고(육신의 생각과 마음) 주님의 마음을 선물 받을 때까지 쉬지 말고 내 속 더러운 귀신 쫓아내고 롬14:17 하나님 나라를 이룰 때까지 하라. 롬8:26,34을 이루는 성령, 주님께서 간구하심으로 주와 동행하는 삶을 살게 한다.

롬1:16-17 예수 그리스도 안에 들어가게 해주는 것이 복음.
갈3:26-29
엡3:9-10
골1:11-20

골1:6
신30:6-15
갈5:22-23
엡4:23-24
호2:19-20

♥ 마28:18-20

예수께서 나아와 일러 가라사대 하늘과 땅의 모든 권세를 내게 주셨으니 그러므로 너희는 가서 모든 족속으로 제자를 삼아 아버지와 아들과 성령의 이름으로 세례를 주고 내가 너희에게 분부한 모든 것을 가르쳐 지키게 하라 볼찌어다 내가 세상 끝날까지 너희와 항상 함께 있으리라 하시니라

주님의 마음, 예수 이름을 받은 자들이 하늘과 땅의 모든 권세를 받아

부활하신 주님께서 나의 몸을 성전삼아
내 안에 계시도록 한다면
하늘과 땅의 모든 권세를 누리는
예수님이 가지신 엄청난 축복을 받는다?
이 일이 나에게 이루어진다는 말인가.

내 안에 계시도록 한다면...

이 말씀이 어떻게 보이고 들리는가?
다시 한 번 잘 들어다 봐^^

아니 그러니까 주님의 권세를 제게도 주신다구요?
헉! 어떻게 이런 일이...
내 눈이 잘못된 거 아냐! 깜박 깜박

주님께서 계시니 겁낼 것 없어.
안 왔으면 후회하지 않았겠나. ㅎㅎ
그리스도 안에 들어가는 것이 중요하네.
성령의 도움을 요청하면서 나아가게. 주님의 은혜가 함께하길.^^

> ○○야! 네 몸을 나(주님)의 머리 둘 곳으로, 곧 성전 삼아 함께 사랑하면서 살자는 것입니다. 주님처럼 새 계명을 선물받아 우리도 사랑할 수 있게 되는 것입니다. 깨달은 말씀을 기록하면서 당신은 점점 자라납니다.

갈6:14-15

그러나 내게는 우리 주 예수 그리스도의 십자가 외에 결코 자랑할 것이 없으니 그리스도로 말미암아 세상이 나를 대하여 십자가에 못 박히고 내가 또한 세상을 대하여 그러하니라 할례나 무할례가 아무 것도 아니로되 오직 새로 지으심을 받은 자 뿐이니라

아하! 갈2:20 이제 그리스도와 함께 죽고 함께 살아나 주님만을 바라보는 새로 지으심을 받는 새 생명의 삶을 살 뿐이다.

벧후1:1-10 보배로운 믿음으로 예수님처럼 살게 된다.

요일3:8-9
갈5:22-23
말2:15
약1:26-27
시4:3
롬11:7

※ 하늘과 땅의 모든 권세를 가지신 주님께서 세상 끝날까지 내 안에 오셔서 보고 듣고 사는 삶, 주님의 상에서 함께 먹고 살게 해 주신다니! 이제 그 사랑의 말씀에 아멘 하여 골2:11-12; 눅24:44-53 마음과 몸에 할례를 받고 보니 예수님만 보이는구나!

요10:1-27
요15:1-12
요13:34-35

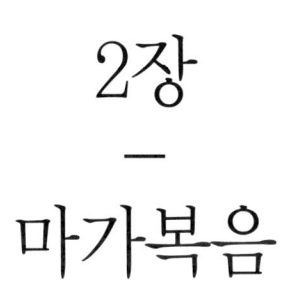

2장
—
마가복음

"마가복음"

♥ 막1:15

　　가라사대 때가 찼고 하나님 나라가 가까웠으니
　　회개하고 복음을 믿으라 하시더라

하나님의 뜻대로 알고 믿으니
그리스도 안에서 하나님의 능력과 지혜를 얻어...

죄를 짓고 회개하는 것은 저주아래 있는 것이다.
회개도 내가 할 수 있다고 하는 것이 아닌가?

그렇다면 회개가 무엇일까?
내가 어두움 가운데 있다는 것을 깨닫는 것은
생각보다 쉽지 않다.
그 이유는 그것은 내게 꼭 필요한 것이며
너무나 당연하며 절대로 놓아서는 안 되는 것으로
때로는 아주 달콤한 것으로 여겨지기 때문이다.
그러나 그 끝은 하나님께로 향하여 있지 않다.

회개는 내가 할 수 없음을 깨닫고

하나님께 손을 드는 것이다.
어두움 가운데 있던 내가 다 버리고
사랑이신 하나님께로 돌아가는 것이 회개이다.

마음과 목숨을 드려
하나님을 사랑하겠다고 서원해보게.
그럼 비로소 알게 된다네.
하루 중 단 몇 시간도
하나님을 향하여 있지 않은
자네 자신을 발견하게 될 거야.

> 하나님께 돌아간다는 것은 이전의 삶과는 확실히 달라진 삶입니다. 깨달은 말씀을 기록하세요.

골1:5-6 하나님의 은혜를 깨달은 날부터 열매를 맺게 된다.
신30:6
골2:11-12
벧전1:23-25
요8:56
마1:1
요6:40
마28:18-20

요10:27

사55:1-5

렘17:9

롬8:6-8

롬3:20

히10:9-10

갈1:4

고전1:17

롬1:16-17

고전4:15

엡1:20

고후13:5

엡3:17

렘24:7

겔11:19- 20

♥막1:27

다 놀라 서로 물어 가로되 이는 어찜이뇨 권세 있는 새 교훈이로다 더러운 귀신들을 명한즉 순종하는도다 하더라

두 번째 복음을 믿고
(새 생명)그 안에서 예수 이름으로 명한즉

귀신들도 순종하고

두 번째 약속은 복음이며 예수님 자신이며
하나님 나라이고 천국이다.
그 분이 내 안에 오셔야 악령은 떠나가고 평강이 이루어진다.
내 안에 악한 영이 있어 다투고 있구나.
나는 싸워 이기지 못하나
주님께서는 이기게 하시니
그 분만이 나의 구원이시다.

악한 영이 이끄는 곳은 물이 없는 곳이네.
말씀과 사랑이 없다는 거야.
도무지 내 생각에서 벗어날 수 없는 곳이지.
내 말이 아직 이해가 안 될 수도 있네.
하지만 어려운 것이 아니니 곧 알게 될 거야.

> 내 안에 주님께서 오신 것이 복음이 이루어진 것입니다.
> 깨달은 말씀을 기록해 봅시다.

눅16:16 세례요한 후부터는 하나님 나라의 복음이 전파된다.
골1:6
살전1:5

살전2:4

요일3:8-9

요14:6

요14:12-26

갈1:4-10

갈4:22-31

히1:1-4

히2:10-12

히7:28

히10-9-10

히10:19-22

롬9:6-8

고후9:6-8

♥ 막1:17

   예수께서 가라사대 나를 따라 오너라
   내가 너희로 사람을 낚는 어부가 되게 하리라 하시니

누구나 다 제자가 되어야 한다.
목사만 장로만 되어야 하는 것이 아니다.
제자가 되려면 어떻게 하면 되나요?

정말 제자가 될 텐가?

그렇다니까요!

그럼 다 버리고 따라오게.

참 하던 일이 남아있는데요...아아 이 일은 마치고 갈게요.
이건 내가 마무리 하지 않으면 안돼요.

야호! 제가 최고로 좋아하는 야구경기에요!

"조금 전 교회 다녀왔잖아 난 하나님을 믿는다고"

"하나님은 굳은 마음을 가지신분인 것 같아요.
왜 내가 하는 거는 다 아니라고 하시는 거죠?

웁... oh my God!

육신의 생각으로는 도저히 따를 수가 없다.
자기 일이 있는 사람은 택함을 받을 수 없구나.

마음을 감찰하시는 예수님은 제자들을 택하여 명하실 때

즉시 다 버리고 순종했지 이유대는 사람은 없었네.
사람의 마음속을 모르실 분이 아니시지 않은가? 허허-

> 내가 하던 것 내려 놓고 주님의 음성을 듣고 가는 자가 제자입니다. 좀더 구체적으로 제자가 되려면 어떤 마음이어야 할까요? 깨달은 말씀을 기록해 봅시다. ✍

빌3:7-9 모든 것이 배설물로 버려져야 그리스도를 얻는다.

마19:29

마13:44-46

욥42:6

요12:2-6

딤전1:15

시139:1-4

마19:26

벧전5:10

사55:1-3

잠3:5-6

♥ 막2:10

그러나 인자가 땅에서 죄를 사하는 권세가 있는 줄을 너희로 알게 하려하노라 하시고 중풍병자에게 말씀하시되

인자는 땅에서 죄를 사하는 권세가 있고
땅은 더러워진 내 마음 판. 내 마음을 새롭게 해주실 분이…

똑!똑!똑!
아-아ㅠㅠ 주님

주님이 나에게 오셔서 내 안에 더러운 것들을 성령의 불로
태워버리고 도려내고 수술하여 새롭게 해주셨다.

두드리는 소리가 느껴지지 않거나 보이지 않는다면
영적 문둥병자이자 소경이네. 내 말이 좀 심하다고 생각하나?

> 성경에 어떤 말씀(좋은 것, 나쁜 것)도 내 것이 되어야 합니다.
> 내 마음의 땅에 이루어져야 하는 것이 무엇인가요?
> 깨달은 말씀을 기록해 봅시다. ✍

마1:21 자기 백성만 구원하신다.
마6:10
히8:8-13
계3:20
막16:15-16
벧전1:9

렘17:9

롬8:5-8

요3:5

딛3:5

신30:6

겔36:25-28

마3:11

골2:11-12

♥막3:35

   누구든지 하나님의 뜻대로 하는 자는 내 형제요 자매요 모친이니라

하나님의 뜻대로 하는 자가 우리의 부모, 형제라.

이 말 속에는 하나님의 뜻대로 하지 않는 자가
더 많다는 것을 포함하고 있다. 그럼, 하나님의 뜻이 무엇이지?

'하나님의 뜻'
가만 있자... 이 길로 가면 되는지 살펴보자.
아는 것이 영생이니...주님, 이 모든 것이 무슨 뜻입니까?
오- 거룩함을 입은 자가 되면 된다! 그럼 거룩함을 입으려면...
아하! 반석 위에 집을 지으라고...

뒤적뒤적..., (밤을 꼬박 세운 후)
휴- 이 모두가 그리스도 안에 들어가는 것과 연관되어 있구나!

진리를 알아간다는 것은 참으로 기쁜 일이야. 허허-

> 그리스도 안에 들어가는 것은 마음에 새겨야 할 중요한 푯대입니다. 그리스도 안에 들어가기 위해 힘써야 합니다. 깨달은 말씀이나 내용을 기록해 봅시다. ✍

엡4:23-24

　오직 심령으로 새롭게 되어 하나님을 따라 의와 진리의 거룩함으로 지으심을 받은 새 사람을 입으라

히2:10-12

　만물이 인하고 만물이 말미암은 자에게는 많은 아들을 이끌어 영광에 들어가게 하시는 일에 저희 구원의 주를 고난으로 말미암아 온전케 하심이 합당하도다 거룩하게 하시는 자와 거룩하게 함을 입은 자들이 다 하나에서 난지라 그러므로 형제라 부르시기를 부끄러워 아니하시고 이르시되 내가 주의 이름을 내 형제들에게 선포하고 내가 주를 교회 중에서 찬송하리라 하셨으며

아하! 의와 진리의 거룩함으로 지으심을 받은 새 사람을 입어야 하는구나.

마7:21-24

갈1:4-7

히10:9-10

히8:8-13

렘31:31-34

신30:6

갈2:20

마3:11

골2:11

겔44:9

겔36:25-28

겔11:19-20

요14:20-21

♥막4:20

좋은 땅에 뿌리웠다는 것은 곧 말씀을 듣고 받아
삼십배와 육십배와 백배의 결실을 하는 자니라

좋은 땅에 열매가 100배 무한대로

농사를 지어봤거나 텃밭을 가꾸는 일 속에도
바다에서 배로 영업하는 자에게도

직장에서 일하는 동안에도, 티비를 보아도, 여행을 하는 동안에도, 어떤 것으로도 하나님께서는 자기를 나타내고 계신다.
내가 보지 못하는 것은 전능자에게 마음이 없기 때문이다.
보면서도 모르고 있으니 낫 놓고 기역자도 모르는 격이 되어 있구나.
마음이 주님께 있으면 무엇을 보아도 진리를 깨닫는데 도움이 된다.
만물이 하나님을 증거하고 있기 때문이다.
단, 어두움에 있으면 무슨 일을 해도 절대로 절대로 볼 수가 없다.

좋은 땅은 씨를 뿌리면 잘 자라는 땅이다. 처음부터 좋은 땅인 사람은 없다. 내 마음이 백배의 결실이 있는 땅이 되려면 방해가 되는 가시덤불, 잡초, 돌들을 치우고 땅을 갈아엎어야 한다.

가장 좋은 땅은 육의 것이 다 망하고
영의 생명으로 태어난 땅 이라네.
그때부터 싹이 터 자라나게 되지!

> 처음부터 좋은 땅인 사람은 없습니다. 자신이 착하고 좋은 사람이라고 생각하나요? 하나님께 가기가 가장 어려울 수 있습니다. 이 사람은 하나님의 것이 필요 없다고 하거나 또는 하나님께 다 받았다고 자신을 속이고 있을지 모릅니다. 옥토로 가꾸어지기 위해 성령 세례가 필요한 것이 이 사람에게는 무용지물이 되기 때문입니다. 깨달은 말씀이나 내용을 기록해 봅시다.

창26:12 좋은 땅, 영원한 언약 안에서 원수를 품을 수 있는 마음으로 자라난다.

히5:11-14

막4:26-32

마13:23

사6:8-13

눅8:15 좋은 열매가 풍성

신30:6

골2:11

벧전1:9

렘4:3-4

겔44:9

겔36:25-28

욜2:12-13,23

♥ 막5:15
예수께 이르러 그 귀신 들렸던 자 곧 군대 지폈던 자가 옷을 입고 정신이 온전하여 앉은 것을 보고 두려워하더라

귀신을 쫓아 주는 삶, 영광 드리는 삶
이런 삶이 내게도 가능하다는 말씀인가?
정말 이렇게 살고 싶구나!

두 번째 약속이 바로 이것이네.

예수님과 같은 사람으로 살도록 하기 위해서야.

나보다 더 큰 일도 하리라고 하지 않았나?

그러나 주의할 것이 있네.

모든 것은 하나님의 뜻대로 해야 하네.

깨달은 말씀을 기록해 봅시다.

고전10:31-33 모든 사람을 마귀에게서 벗어나 구원받게 하는 일로 영광 받으신다.

시23:1-6

요14:12-26

요일3:8

행3:6

♥**막6:3-6**

이 사람이 마리아의 아들 목수가 아니냐 야고보와 요셉과 유다와 시몬의 형제가 아니냐 그 누이들이 우리와 함께 여기 있지 아니하냐 하고 예수를 배척한지라
예수께서 저희에게 이르시되 선지자가 자기 고향과 자기 친척과 자기 집 외에서는 존경을 받지 않음이 없느니라 하시며 거기서는 아무 권능도 행하실 수 없어 다만 소수의 병인에게 안수하여 고치실뿐 이었고 저희의 믿지 않음을 이상히 여기셨더라

예수님이 고향과 친척에게 배척당하시니 권능을 행하실 수 없다.

(전화 울림) 뚜뚜-뚜뚜-
제가 주님을 만났어요. 이건 빅 뉴스라구요. 형님!
어떻게 만났는지 알려드릴게요.
형님 병도 아니 그 분만 만나면 모든 문제가 해결 되요!

나도 주님을 안다. 그렇지만 너같이 믿고 싶지는 않구나!
난 네가 현실의 삶을 살기를 바랄뿐이야.
난 내 삶에 만족해. 노후를 위한 준비도 이 정도면 충분하고
부족한 것이 생기면 내 자식들이 있으니까 걱정이 없단다.
나는 여기가 천국이다. 너의 그 별난 믿음 따윈 필요없다.
뚜-뚜-뚜-

믿지 않는 사람에게는 절대로 하나님이 일하시지 않는구나!
믿는 가운데 있다는 것은 매우 중요하다.
하나님이 주시는 것은 다 선물인데 왜 안 받으려고 하지?
믿음으로 하나님께 나아 올 수 있도록
성령의 도움을 요청할 수밖에...

자네가 주님의 마음으로 태어난 다음
이전에 알고 있던 사람들에게 배척을 받더라도

이상히 여기지 말게.

> 육의 눈으로 볼 수 없는 천상의 세계, 주께서 길은 열어두셨으나 믿음이 없어 오직 세상뿐인 인생이 되어 버렸습니다.
> 깨달은 말씀을 기록해 봅시다.

행14:8-10 구원받을만한 믿음이 있어야 고침 받음.

막16:15-19

골3:1-4

엡2:5-6

렘17:5-11

요15:18-19

벧전4:12-19

마5:11-12

딤후3:12

♥ 막6:37-44

대답하여 가라사대 너희가 먹을 것을 주라 하시니 여짜오되 우리가 가서 이백 데나리온의 떡을 사다 먹이리이까 이르시되 너희에게 떡 몇 개나 있느냐 가서 보라 하시니 알아보고 가로되 떡 다섯 개와 물고기 두 마리가 있더이다 하거늘 제자들을 명하사 그 모든 사람으로 떼를 지어 푸른 잔디 위에 앉게 하시니
떼로 혹 백씩, 혹 오십씩 앉은지라 예수께서 떡 다섯 개와 물고기 두

마리를 가지사 하늘을 우러러 축사하시고
떡을 떼어 제자들에게 주어 사람들 앞에 놓게 하시고 또 물고기 두
마리도 모든 사람에게 나누어 주시매 다 배불리 먹고 남은 떡 조각과
물고기를 열 두 바구니에 차게 거두었으며 떡을 먹은 남자가 오천 명
이었더라

떡 다섯 개와 물고기 두 마리로 오천 명을 먹이신 주님이

병을 고치거나 어떠한 기적을 일으키면
사람들이 구원을 받는 길로 갈까 싶지만
그렇지가 않다. 사람들은 오히려 육적인 것에 더 집착한다.
하나님의 생명으로 태어나는 일은 항상 뒷전이다.
내 눈과 귀가 닫혀 있다는 생각을 하지 못한다.

표적을 보여 달라고 하는 사람,
기적을 일으키는 사람,
세상 풍요를 따라 사는 사람,
이 모두가 우리가 가야하는 길의 장애물들이네.
음... 아직은 쉽지 않겠지만 분별 못할 일도 아니지.
물론 주님으로 인하여 하는 표적과 기적 외의 것을 말하네.
구원의 길로만 오면 문제도 함께 해결되는데
사람들은 그 문제에만 집착하다 인생을 마감 한다네.

> 진실로 하나님께 가기 위해 찾은 길이 그리스도 안이라는
> 것을 알았다면 그 길로 우리는 단번에 들어가야 합니다.
> 들어 오는 자에게 준비해두신 것을 받아야 하지 않겠습니까?
> 깨달은 말씀을 기록해 봅시다.

창22:12-14   네가 성전이 되면 항상 준비되어 있다.

행10:2

렘32:39

요13:34-35

요14:2, 12

고전3:9-16

♥막7:34-37

하늘을 우러러 탄식하시며 그에게 이르시되 에바다 하시니 이는 열리라는 뜻이라 그의 귀가 열리고 혀의 맺힌 것이 곧 풀려 말이 분명하더라 예수께서 저희에게 경계하사 아무에게라도 이르지 말라 하시되 경계하실수록 저희가 더욱 널리 전파하니 사람들이 심히 놀라 가로되 그가 다 잘 하였도다 귀머거리도 듣게 하고 벙어리도 말하게 한다 하니라

에바다 하시니 눈, 귀, 혀가 열리고 마음의 문이 열리니
사람들이 심히 놀라나 그가 다 잘 하였다한다.

내가 항상 구해야 할 것은 성령 안에서 주의 양식을 받아먹고
살게 해달라는 기도뿐이구나! 주님께서 가르쳐주신 기도를
마치 주문 외듯 헛되이 해왔다니 하늘에 보고를 열고 원하는 것을
얻게 되는 위대한 기도인데 말이다!
우주를 다 품을 수 있는 기도...

삼십 배, 육십 배, 백배의 뜻을 헤아려 보겠나?

> 하늘의 보고라고 하니까 세상 복으로 오해해서는 안됩니다. 실망
> 하셨나요? 먼저 하늘의 신령한 것으로 채워진 다음에 다시 얘기할
> 기회가 있기를 바랍니다. 깨달은 말씀을 기록해 봅시다. ✍

막16:16 성령세례 받아 주님의 마음을 선물 받으면 구원.

막12:26-34

요14:20-21

벧전5:10

고후5:17

갈2:20

♥**막8:35**

　　누구든지 제 목숨을 구원코자 하면 잃을 것이요
　　누구든지 나와 복음을 위하여 제 목숨을 잃으면 구원하리라

죽으면 살고 살면 죽는다.

육이 죽으면 살고 육이 살면 죽는다.(오해하지 마시고 다음 글을 보세요.) 주님의 생각(영)으로 살면 살고, 내 생각으로 살면 죽는다.

> 주님의 음성을 듣는다는 것이 어떤 삶인지 상상해 보실 수 있겠어요? 우리가 분별하기 위해 옛 것과 새 것이 다 필요하다는 사실에 대해서도 묵상하기를 원합니다. 깨달은 말씀을 기록해 봅시다.

요6:63 주님께서 이른 말이 영, 생명이다!

롬8:5-6

겔44:9

골2:11-13

신30:6

엡2:21-22

엡1:17-23

겔36:25-28

♥막9:29-31

이르시되 기도 외에 다른 것으로는 이런 유가 나갈 수 없느니라 하시니라 그곳을 떠나 갈릴리 가운데로 지날 쌔 예수께서 아무에게도 알리고자 아니하시니 이는 제자들을 가르치시며 또 인자가 사람들의 손에 넘기워 죽임을 당하고 죽은지 삼 일만에 살아나리라는 것을 말씀하시는 연고더라

성령으로 기도하시니 귀신은 쫓겨나가고

예수님이 마침내 제자들에게 자신이 받은 계명. 십자가의 일을 가르치시고 다 이루시고 나면 성령을 구하는 자에게, 그를 바라는 자에게, 그가 가르쳤던 것을 믿는 자에게 두 번째 나타나 아들의 이름으로 구하는 것을 다 이루어 주시겠다고 말씀하신다.

일취월장하니 내 마음이 기쁘네.
반드시 성령의 도우심을 받아야 하는 걸 잊지 말게.
아무것도 내가 하는 것은 없다네.^^

> 왜 성령을 구하라 하시는 걸까요?
> 깨달은 말씀을 기록해 봅시다. ✍

마12:28 성령이 귀신 쫓아낸다!
마7:7
요14:13-15
요7:37-39

히9:28

요일3:8

고후8:9

벧전2:24

요5:19-20

요8:26-29

♥막10:15-16

내가 진실로 너희에게 이르노니 누구든지 하나님의 나라를 어린 아이와 같이 받들지 않는 자는 결단코 들어가지 못하리라 하시고 그 어린 아이들을 안고 저희 위에 안수하시고 축복하시니라

하나님 나라를 어린 아이와 같이 받들고 축복 받으니 천국이다.

어린아이는 엄마의 손길을 기다린다.
내가 할 수 있는 사람에게는 주님이 계실 틈이 조금도 없다.

예수님이 '어린 양' 인 것은 아무것도 스스로 한 것이 없다는 것이네.
하나님의 생명 안에서 보여 주시고 들려주시는 그대로 하신거야.

> 예수님이 본을 보이셨듯이 우리는 어떻게 하라는 것입니까? 나의 목자는 누구? 깨달은 말씀을 기록해 봅시다.

계19:9 어린 양은 목자가 이끄는 대로 한다!

요5:19-20

요8:26-29

요6:40

요10:27

시100:1-3

요10:7-10

요15:1-15

♥막11:17

이에 가르쳐 이르시되 기록된바 내 집은 만민의 기도하는 집이라 칭함을 받으리라고 하지 아니하였느냐 너희는 강도의 굴혈을 만들었도다 하시매

만민이 기도하는 집에서 강도같이 살아온 것 깨달아 회개하고

오직 내 욕심만을 위해 기도하고 모든 불법을 행하면서도 깨닫지 못하며 거짓을 예언하며 삯군으로 있으면서도
그것을 좋게 여기는 백성과 함께 어두운 일에 참여함이 되었으니
그 믿음이 뻗어 있는 곳은 바깥 어두운 곳.
나의 지난날들이 참으로 헛되고 헛된 일이 되었구나!
이제라도 알았으니 정말 다행이다.

일분일초가 아까우니 어서 빨리 하나님께로 돌아가자!

이것은 이상한 일이 아니야.
정말로 깨어 기도하지 않으면 마귀의 종노릇하게 되지.
하나님의 일을 한다고 한 것이 마귀의 일이었다니
얼마나 안타까운 일이 되겠나?ㅠㅠ

> 사람들이 나를 이상하게 볼까봐 어리석은 자의 길을 가는 사람들도 있습니다. 담대함은 성령 받은 자의 것입니다. 깨달은 말씀을 기록해 봅시다.

계3:19-20

마7:7 열심을 내어 회개하여(=돌아가서) 주님께서 마음의 문 두드릴 때 열고 영접하여 그 안에 있는 것 얻어라! 장성한 자가 되어라.

마7:21-24

요6:40

요10:7-10

사55:1-8

호6:1-3

마4:17

렘5:30-31

고후11:13-15

고후11:4

마23:13-15

렘24:7

렘31:31-34

딤전4:1-2

눅13:22-30

히5:11-14

엡4:11-16

♥막11:23-24

내가 진실로 너희에게 이르노니 누구든지 이 산더러 들리어 바다에 던지우라 하며 그 말하는 것이 이룰 줄 믿고 마음에 의심치 아니하면 그대로 되리라 그러므로 내가 너희에게 말하노니 무엇이든지 기도하고 구하는 것은 받은 줄로 믿으라 그리하면 너희에게 그대로 되리라

믿고 장성한 자 되면 산도 옮기는 능력을 주시니
의심치 말고 믿기만 하라.

너무나 간단하다. 내가 할 일은 믿기만 하는 것이구나!

맞네! 믿는 것이 하나님의 일이라네. 예수님은 성령세례를 주러 오셨음을. 그 약속을 믿고 성령세례를 받아야하지.

신30:6-14

> 우리를 완전하게 해주실 길을 예비하셨습니다. 나는 죄가 있어 못 가겠다 하는 사람도 염려할 필요가 없습니다. 죄와 상관없이 바라는 자에게 믿는 자에게 이루어 주십니다. 깨달은 말씀을 기록해 봅시다. ✍

엡4:11-16

히5:11-14 장성한 자 되면 그리스도가 머리가 되는 삶 곧 지각을 사용하여 사랑 안에서 스스로 세우느니라.

히12:1-2

히11:1-3

롬10:17

요6:29

히6:12

히9:28

♥**막11:25**
　서서 기도할 때에 아무에게나 혐의가 있거든 용서하라 그리하여야 하늘에 계신 너희 아버지도 너희 허물을 사하여 주시리라 하셨더라

또한 남 용서 못한 것을 회개하고

화평케 하는 자가 하나님의 아들인데 남용서 못하는데

천국백성이라? 넘어지는 일이 있을 수는 있으나 믿음 가운데
사랑 가운데 있으면 억지로 '사랑해야지'가 아니라
주님께서 사랑할 수 있도록 이끌어 주신다.
내게는 사랑이 없음을 깨닫고
주님의 마음 선물 받기를 구해야 하는 거구나!

주님께서 "내가 다 해줄게"
너는 사랑만하고 살라고 하시네.

> 나로서는 사랑할 수 없음을 깨닫고 계명을 지킬 수 있도록 해달라고 구하는 마음이 성령을 구하는 것입니다. 하나님은 사랑이시니까요. 깨달은 말씀을 기록해 봅시다. ✍

고전2:16 돌아오면 주님의 마음을 줘서 사랑하게 하신다!
요13:34
마7:7-8
막9:29
엡4:11-16
엡4:23-24 심령이 새롭게 되어 주께서 하시니 다 할 수 있다.
욜2:12-13,23
갈2:20
빌4:13

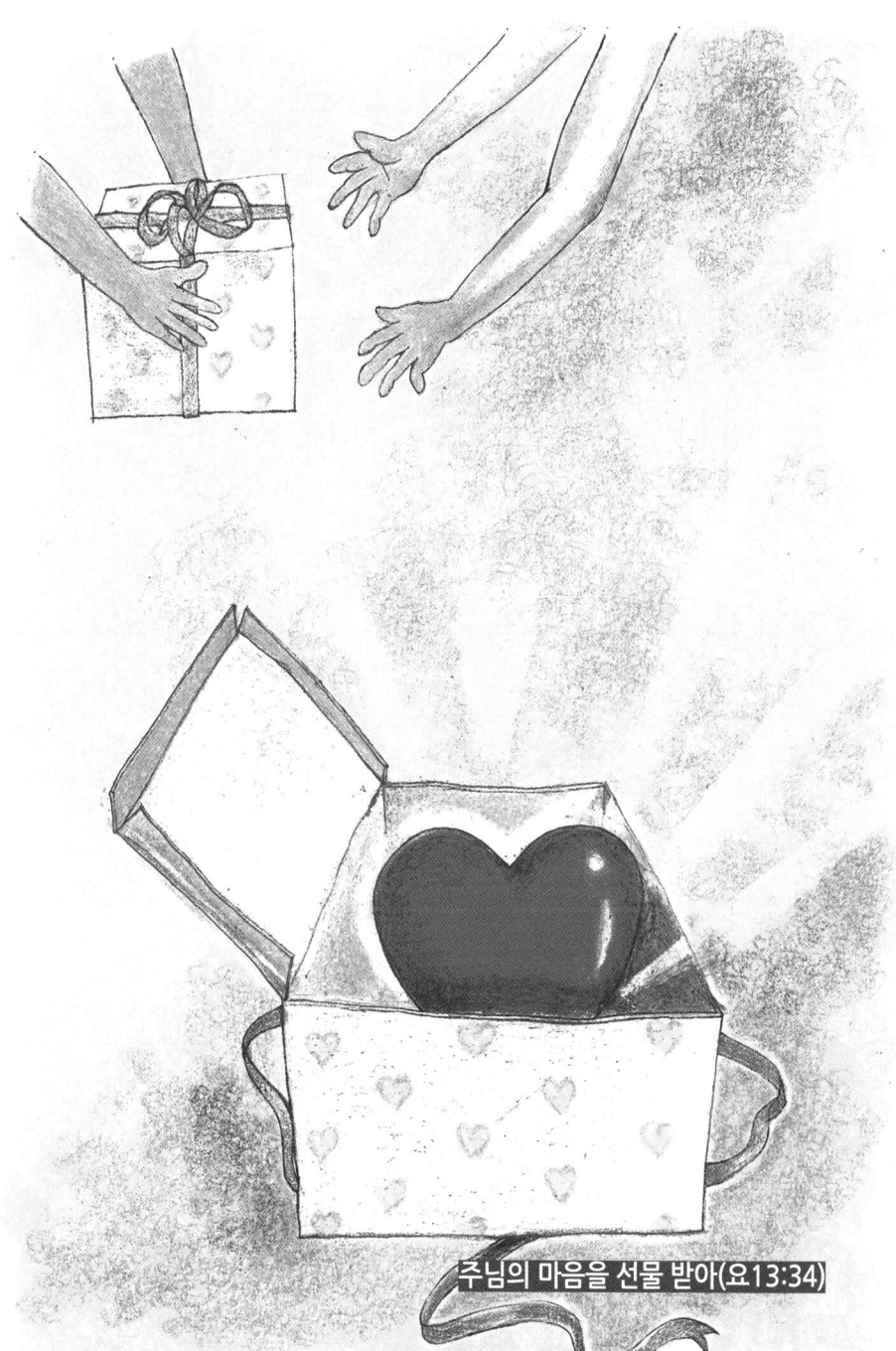

주님의 마음을 선물 받아(요13:34)

♥막12:26-27

죽은 자의 살아난다는 것을 의논할찐대 너희가 모세의 책 중 가시나무떨기에 관한 글에 하나님께서 모세에게 이르시되 나는 아브라함의 하나님이요 이삭의 하나님이요 야곱의 하나님이로라 하신 말씀을 읽어보지 못하였느냐 하나님은 죽은 자의 하나님이 아니요 산 자의 하나님이시라 너희가 크게 오해하였도다 하시니라

죽은 자의 하나님이 아니라 산 자의 하나님이네.

아담의 후손인 모든 인류는 '영'이 죽은 체로 태어난다.
산 자의 하나님 음... 이것은
아브라함과 이삭과 야곱을 통하여 약속하신
그 약속을 믿는 자, 그리스도 안에서 생명을 얻은 자
그 영혼이 구원을 받아 살아 있는 자니
이 사람에게 주 하나님께서 함께 하신다는 뜻이다.

주 하나님!^^

살아날 수 있습니다. 분명한 약속이 있기 때문입니다.
깨달은 말씀을 기록해 봅시다.

신30:6 하나님과 같은 생명으로 태어난 새 생명 얻은 몸
창17:9-11 할례의 언약

창17:19 영원한 언약

렘31:31 새 언약

요일3:9

엡4:23-24

히10:9-10

요14:12-26

갈2:20

고전3:9,16 성전 된 몸으로 사명을 넉넉히 감당할 수 있는 지혜를 주시사 날마다 그 안에서 이기게 하옵소서.

♥**막12:29**

  예수께서 대답하시되 첫째는 이것이니 이스라엘아 들으라
  주 곧 우리 하나님은 유일한 주시라

문제가 있을 때 이기게 하시는 그리스도 안에 계신 유일하신 주 하나님.

주 하나님은 자네를 새 에덴에 살도록 돕는 분이시네.

> 기둥이 되는 말씀들이 생명이 되는 주의 말씀으로 자라납니다.
> 깨달은 말씀을 기록해 봅시다. ✍

신30:6-14 말씀이 내 마음에 있으니 어렵지 않다!
겔36:25-35
렘31:31-34
신29:13
고전2:7-16
엡4:23-24
요일3:9
벧전1:22-25

♥막12:30-31
네 마음을 다하고 목숨을 다하고 뜻을 다하고 힘을 다하여
주 너의 하나님을 사랑하라 하신 것이요
둘째는 이것이니 네 이웃을 네 몸과 같이 사랑하라 하신 것이라
이에서 더 큰 계명이 없느니라

산 자의 하나님의 뜻을 따라
유일하신 주 하나님께 마음 목숨 드리니

하나님께서 먼저 마음과 목숨을 다해
길을 열어놓으신 것은 분명한 사실이다.
죄의 담을 헐어 놓으시고 돌아올 수 있게 해 놓으셨지만
사람들은 거기에 멈춰 있구나!

이 봐요! 거기는 마당이니 이 안으로 들어와요!
여기까지 들어와야 해요! 다들 그냥 가버리네. 이봐요-!
안 들리나?! 휴-아이고 목이야.

그리스도 안에 들어와야 하는데
가려면 마음 목숨 드려 가야한다. 왜냐고 묻는다면
넘어지지 않게 하는 훈련이라고 할 수 있다.
그 사람에게 성령세례를 베풀어 새 생명 가운데
롬8:2 생명의 성령의 법이
서로 사랑하고 살 수 있는 사람을 만든다.

주님께서 찾아오셔서 세 계명을 주시면
어떻게 행할 것도 다 알려주신다.
그래서 쉽다고 하셨구나! 이것이 바로 거룩한 삶이로구나!
주 안에서 받아 보고 들은 것을 행하는 삶.
받아 본 사람만이 안다.

내가 육으로 잘되어야 믿음의 길이라고
오해하지 말아야하네.
먼저는 영혼이 잘되는 일부터 주님의 뜻 가운데 하되
경건의 훈련에 들어가면 오직 주님만 바라보아야 하네.

아하! 잘 살고 잘 된다는 것은 진리 안에서 주 안에서 보고 듣고 사는 것이구나.

> 새롭게 깨달은 말씀을 기록해 봅시다.

요삼1:2-4

롬6:3-4

눅24:46-48

신30:6-14

엡4:23-24

요일3:9

요일4:10-16

요일5:4

요일5:10-12

요일5:19-21

♥막13:10

또 복음이 먼저 만국에 전파되어야 할 것이니라

주님의 마음, 예수 이름으로

온 천하에 복음을 전할 수 있고

하나님께서는 처음부터
아담과 하와에게 계명을 주었고
또한 이것을 결코 지키지 못하리라는 것도 알고 계셨다.
거짓을 믿게 되는 것은
자기 욕심으로 갈 때 역사하게 되어있다.

나로서는 안 된다는 것을 깨닫고 돌아온 사람에게
말씀마다 세례 받게 하고
진리를 믿음으로 구원을 얻게 하실 것을 약속하셨다.

그래서 약속한 것이 무엇인지 아는 것이 아주 중요하네.
약속을 모른다는 것은 복음을 모르는 것과 같지
복음이 무엇인지 말할 수 있겠나?
이미 지나왔던 길이야.
잘 넣어 두지 않으면 잃어버리기 쉽네.

> 말씀마다 세례 받는다는 말은 주님의 마음으로 보게 된다는 것입니다. 깨달은 말씀이나 내용을 기록해 봅시다.

롬1:1-4 예수 그리스도가 복음이다.

롬3:27

벧전1:23-25 복음을 믿음으로 그리스도 예수 안에 들어가 더불어 먹고 사는 삶이구나. 계3:20 음성이 들려야 문을 열어 줄텐데... 왜 안 들리지?

살후2:13-14

히10:9-10

엡1:13

히8:6-12

요6:40

요10:27

골1:26-28

행3:23

신18:13-19

마24:14 천국복음이 온 세상에 전파 되어야 끝이다.

♥**막13:13**

또 너희가 내 이름을 인하여 모든 사람에게 미움을 받을 것이나 나중까지 견디는 자는 구원을 얻으리라

주님이 함께하시니 말세에 핍박을 받을 때에 인내 할 수 있으며

걸어온 길이 헛되지 않은 것은
주님은 약속을 꼭 이루실 분이시고

나에게 주신 믿음이 모든 사람의 것이 아님을 알게 하심으로
사랑 안에서 인내하니 믿는 일을 쉬지 않고 할 수가 있구나.

주님께서 나타나는 횟수가 늘수록
더욱 견고해질 것이네.

> 깨달은 말씀을 기록해 봅시다. ✎

살후3:1-5 주님은 미쁘시니 그리스도의 인내에 들어가라!
살전5:13-24
벧전5:10
렘6:10
렘2:13,19
마5:11-12
요15:18-19
약1:2-4
약1:26-27
딤전6:12-15
벧전4:12-19

♥**막14:36-38**
　가라사대 아바 아버지여 아버지께는 모든 것이 가능하오니 이 잔을

내게서 옮기시옵소서 그러나 나의 원대로 마옵시고 아버지의 원대로 하옵소서 하시고 돌아오사 제자들의 자는 것을 보시고 베드로에게 말씀하시되 시몬아 자느냐 네가 한시 동안도 깨어 있을 수 없더냐 시험에 들지 않게 깨어 있어 기도하라 마음에는 원이로되 육신이 약하도다 하시고

예수님은 하나님께서 기뻐하시는 기도로
시험을 이기고 이겨 아버지께 영광을 드리고

꾸벅 꾸벅…, ….

졸려- 아이쿠 주님!
마음 목숨 드리겠다고 약속한 지 1시간도 안 됐는데…

예수님과 다니엘처럼
죽음의 극한 상황에 있지 않아서
아버지께로 가지 못하는 것일까?

전쟁과 가난, 기근, 지진, 불법과 음란,
여러 재난과 재앙이 당장 내 앞에 없으니 평안한가?

그렇지 않다. 위기에 처해 있는 자신을 바라보아야 한다.
나는 서서히 죽는 죽음의 극한 상황에 있다.

게으름과 무기력, 무감각,
풍요의 신, 인생과 혈육을 의지하며
이 위기를 느끼지 못하도록 세상의 각종 오락을 즐기라고
보이는 세계와 육체만을 의지하게 하는
악한 자의 계략에 빠져 서서히 죽어가고 있는 것이다.

주님을 떠나서 육신의 믿음 가운데 있으면서...

할례 받기 전까지는 극한 상황이든 그렇지 않든 관계없이 육신이
잘 되면 될수록 이 욕심이라는 나무는 무한대로 자라난다네.
영적인 것도 마찬가지야 욕심으로 이루려고
집사가 되고 장로도 되어보지만 생명나무가 자랄 수 있게
진리로 향하지 않으면 아무 소용이 없다네.

> 깨달은 말씀을 기록해 봅시다.

골4:2 사랑 할 수 있게 해달라고 기도=성령을 구하는 기도
단6:10
마7:7-8
사30장-31장
렘14:19-20
렘2:13,19

렘3:20-23

렘4:1-4 돌아오면 마음의 할례를 베풀어 주신다.

롬2:29

요일3:9 말씀의 씨를 파종하여

막4:26-32 자라고 자라서

마5:44-45 원수까지 사랑하게 해주마! 돌아오라!

♥막14:61-62

잠잠하고 아무 대답도 아니하시거늘 대제사장이 다시 물어 가로되 네가 찬송 받을 자의 아들 그리스도냐 예수께서 이르시되 내가 그니라 인자가 권능자의 우편에 앉은 것과 하늘 구름을 타고 오는 것을 너희가 보리라 하시니

그리스도의 비밀과 주께서 권능자의 우편에 계신 비밀을
알기를 원한다.

언제든지 육으로 난 자는
성령으로 난 자를 핍박한다.
믿는다 하면서도 나도 모르게
주님께서 보여주시고 들려 주신대로 행하는 자를
비판하고 정죄하기까지…

육으로 믿는 가운데 있다가는

나도 언제든 그럴 수 있다.
구하는 자에게 반드시 주신다는 약속을 믿고
성령을 구하자!

태어나기 전에 이 세상의 존재를 몰랐듯이
주님이 성령을 통하여 보여주시려는 영의 세계가 무엇인지
나도 다 보아야겠어!

♥막15:16-20

> 군병들이 예수를 끌고 브라이도리온이라는 뜰 안으로 들어가서 온 군대를 모으고 예수에게 자색 옷을 입히고 가시 면류관을 엮어 씌우고 예하여 가로되 유대인의 왕이여 평안할찌어다 하고 갈대로 그의 머리를 치며 침을 뱉으며 꿇어 절하더라 희롱을 다한 후 자색 옷을 벗기고 도로 그의 옷을 입히고 십자가에 못 박으려고 끌고 나가니라

우리의 대왕 그리스도를 마2:2; 계17:14
내 맘대로 희롱하고 능멸하고 멸시 천대하고 십자가에 못 박아
죽인 조상의 허물과 내 죄를 다 자백하고 회개하여
예수님께로 돌아가 그리스도 안에서 죄용서 받고

내 마음 내 생각으로 사는 한
죄 짓고 회개하는 정도의 종교적 행위에
머물러 있으면서 외형의 거룩함만 추구한다.

물론 이 상태에서는 죄가 용서 될 수도 없지만
자기 자신을 속이는 결과만 낳는다.
한 마디로 그리스도 안에 들어 갈 수가 없는 것이다.

많이 봐줘서 죄용서 받았다 하자.
죄 용서 받았다고 천국에 가는 것이 아니다.
'나' 라는 철옹성에서 빠져 나와 생명나무를 따 먹고
더 큰 믿음으로 자라나면 저절로 가는 곳이 천국이다.

저 위에 군병들을 보게
그들이 누구인가? 요셉, 다니엘, 다윗...
이들만 내가 받아들여야할 거울이고 자네 자신인가?

율법으로 사는 사람이 한계에 달했을 때 '나는 최선을 다했다'고 말하는 것으로 결론 맺으려 합니다. 더 이상의 물음이 없는 경우가 많습니다. 거기에 멈춰 있지 말고 완전한 길이 있는 곳으로 가야합니다. 그 길을 하나님께서 예비해 놓으셨기 때문입니다.

> 깨달은 말씀을 기록해 봅시다. ✍

약1:22

마2:2

히7:2-3

계17:14 어린양은 만주의 주시요 만왕의 왕이시니 다 이기시리라.

고후2:14

♥**막16:15-16**

또 가라사대 너희는 온 천하에 다니며 만민에게 복음을 전파하라 믿고 세례를 받는 사람은 구원을 얻을 것이요 믿지 않는 사람은 정죄를 받으리라

천국 복음 안에서 새 언약의 일군 되니 주의 말씀을 받아먹을 줄만 알면 된다. 요6:54 주님의 마음을, 주님의 말씀을 받아먹고 살 때 영생이다.

응^^ 한 말씀이라도 좋으니 제대로 알기위해
마음을 다해 주님께 구하면서…
그러면 모르던 말씀도 실타래 풀리듯 술술 풀리게 된다네.

저기 저 언덕이 보이나?
주님만 의지하고 길을 찾아가 봐^^

깨달은 말씀을 기록해 봅시다. ✍

막16:15-16
눅2:10-11

〈복음〉 그리스도 구주께서 오신 기쁜 소식을 듣고 그 앞에 나아가니 성령세례를 베푸사 묵은 땅을 렘4:1-4 갈아엎으시고 겔36:25 우상을 섬김에서 벗어나 자랄 수 있는 부드러운 마음 판 위에 요일3:9 말씀의 씨를 뿌려서 자라고 자라서 막4:26-32 원수까지 마5:44-45 사랑하는 하나님의 아들이 되는 히5:14 장성한 자의 삶, 그리스도 안에서 스스로 세우느니라. 아멘. 이제 골1:26-28 심령이 새롭게 되어 진리의 거룩함으로 지으심을 받은 새 사람이라. 엡4:24

롬1:16-17
살후2:13-14
고전1:17-18
고전4:15
갈1:4
히10:9-10
요일5:6-8
요일2:25
벧전1:23-25
엡1:13

겔36:25-28

렘4:1-4

엡4:1-16

엡4:24

♥막16:15-16

또 가라사대 너희는 온 천하에 다니며 만민에게 복음을 전파하라
믿고 세례를 받는 사람은 구원을 얻을 것이요
믿지 않는 사람은 정죄를 받으리라

복음을 믿고(아들 되고 갈3:26-27) 세례 받아 구원 얻는다.

복음을 믿는다는 것은 (신18:13-20) 그리스도를 믿는다는 것이다. 골1:26-28 그리스도 안에서 완전케 하신다는 변치 않는 그 약속을 믿고 오래 참아 기다려서 가는 길이다. 히6:13-18 그리고 주님 앞에 전심으로 신30:2 마음을 다하고 성품을 다하는 마음으로 하나님께 돌아가면 신30:6 하나님 아버지께서 마음의 할례를 베풀어 주시고(성령세례 골2:11-12) 탐욕과 악독으로 가득 찬 내 마음을 찢고 부드러운 마음 겔36:25-28 그리스도의 마음을 주셔서 마음을 다하고 성품을 다하여 네 하나님 여호와를 사랑하게 하여 새 생명(의와 진리의 거룩함으로 지으신 새 생명)을 주어 살게 하신다.
필자도 롬8:5-8 육신의 생각과 영의 생각을 알고자 6개월 동

> 안 전도사, 장로, 목사들에게 묻고 또 물었으나 내 마음에 합한 답이 없어 결국 7개월 만에 금식기도를 하면서 주님께 물으니 가르쳐 주시므로 오늘날 이 자리에 서게 되었습니다. 누구든지 진실한 마음으로 한 말씀을 이루며 살기를 원할 때 다 될 줄 믿습니다.

어두움, 미움으로 가득한 더러운 마귀에게서 살던 우리를
빛이시고 사랑이신 참 생명의 하나님께로 돌아온 자는
누구든지 주님의 사랑받고 살 수 있게 해주시려고 오신 거라네^^
이것을 그리스도 안에서만 이루어 주시니 마귀는 이를 알고
그럴듯하게 속여 못 들어가게 하고 있다네. 고후4:3-4

아 - 나를 가장 존귀한 자로 세워 주시려고 오셨구나.
시49:20;삼상2:1-11

깨달은 말씀을 기록해 봅시다. ✍

히6:13-18

롬6:3-4

골2:11-12

벧전1:3

막12:26

신29:13

눅2:10-14

살후2:10-13

롬5:6-11

♥막16:17-20

 믿는 자들에게는 이런 표적이 따르리니 곧 저희가 내 이름으로 귀신을 쫓아내며 새 방언을 말하며 뱀을 집으며 무슨 독을 마실찌라도 해를 받지 아니하며 병든 사람에게 손을 얹은즉 나으리라 하시더라 주 예수께서 말씀을 마치신 후에 하늘로 올리우사 하나님 우편에 앉으시니라 제자들이 나가 두루 전파할쌔 주께서 함께 역사하사 그 따르는 표적으로 말씀을 확실히 증거하시니라

믿고 성령세례 받고나니 구원을 얻고

새 생명 얻은 몸, 예수 이름을 선물 받아

귀신을 쫓아내며 새 방언을 말하며 뱀을 집으며

무슨 독을 마실지라도 해를 받지 아니하며

병든 사람에게 손을 얹은즉 나으리라 하시는

주의 말씀을 확실히 증거하여 주님께 영광 돌리리라.

3장
누가복음

"누가복음"

눅5:32
내가 의인을 부르러 온 것이 아니요 죄인을 불러 회개시키러 왔노라

♥**눅1:6**
이 두 사람이 하나님 앞에 의인이니
주의 모든 계명과 규례대로 흠이 없이 행하더라

성전에서 흠 없이 행할 때

마5:48 여기를 보면 분명히 온전하게 되는 길이 있다는 말이다.
우리에게 명령하신 것은 할 수 있는 길이 있다는 것이다.
의인은 없나니 하나도 없다는 것도 육체대로 알 때 없다는 것,
이것으로는 도저히 풀 수 없다는 것이다.
흠이 없이 행할 수 있는 길이 여기 어디에 있을 터...

오- 골1:26-28 "그리스도 안에서 완전한 자로 세우신다!"
딤전6:3-15; 딤전4:6-10; 히5:11-14; 마5:17-20;
약1:17-27 주의 나타나심을 기다리며 경건에 관한 교훈에 착념해
야한다. 그러고 보니 나는 완전 거꾸로 신앙이었네. 마귀 따라 가
놓고 믿는다 했다니 이러니까 안됐지. 에궁-

어떻게 해서든지 그리스도 안에 들어가야 한다네!
잘못하면 또 딴 길로 갈 수 있어. 그 길로 간다는 게 여간해서는 쉽지 않아. 하나님은 쉽다고 했는데 왜 쉽지 않다고 생각하나?

깨달은 말씀을 기록해 봅시다.

마11:28-30

요8:44

딤전6:10

딤전4:1-2

딤후3:1-9

♥ 눅1:13, 15, 36

천사가 일러 가로되 사가랴여 무서워 말라 너의 간구함이 들린지라 네 아내 엘리사벳이 네게 아들을 낳아 주리니 그 이름을 요한이라 하라 이는 저가 주 앞에 큰 자가 되며 포도주나 소주를 마시지 아니하며 보라 네 친족 엘리사벳도 늙어서 아들을 배었느니라 본래 수태하지 못한다 하던 이가 이미 여섯 달이 되었나니

천사를 만나고

육신의 문제가 있을 때 우리는 대부분 거기에 빠져서 헤어 나오지 못한다. 그래서 다 버리라고 하지 않았던가! 그렇게 하지 않으면

출발선에도 서 있지 않은 것이다. 그 다음에 갈 길은 시험에 통과 해야한다는 것. 내가 진짜인지 가짜인지 여기서 판가름이 난다.

물론 전심으로 하나님께 가려는 자에게 힘과 능력을 주시고 천사를 보내시든 주님의 나타내심을 보이실 것이다. 마4:11; 히1:14; 히1:4; 대하32:20-23; 왕하6:14-23; 마26:53 주님께서 나타나신 다는 것은 문제가 해결되는 것이다. 마음에 있던 문제이든 어떤 것이든 다! 햐- 엘리사벳은 나이 늙도록 자식이 없었는데 해결해주시는구나! 하나님께로 가는 길은 보이는 육신의 문제를 다 제쳐두고 가야한다. "아-나 이것 좀 하고요"한 제자는 단 한명도 없었다.

천사 한 번 만나봐야 하지 않겠나!

> 깨달은 말씀을 기록해 봅시다.

♥ 눅1:28
  그에게 들어가 가로되 은혜를 받은 자여 평안할찌어다
  주께서 너와 함께하시도다 하니

주님이 함께 하심이 은혜로다.

시23:1-6 주님께서 나의 목자가 되시려면 내가 양이 되었을 때다. 염소로 있으면서 주님께서 함께 하실 거라고? 아예 생각도 말자! 다 푸른 초장에 있고 싶은 마음은 이해하나 이리가 속이듯이 양의 탈을 쓰고 있으면서 평안하다- 평안하다 하는 말에 속고 있다가 나중에 큰 일 치른다. 마3:11-16; 엡2:4-8; 고후8:9; 고후9:8; 고전15:10 약5:7-11; 요1:14-17 은혜 받은 자에게 모든 것을 넉넉하게 하여 착한 일을 하게 하신다.

착한 일. "주님께서 하시는 일이네. 제일 먼저는 사람 안에 있는 귀신을 빼내주는 일인데. 사실 자기 안에 귀신이 있다는 사실도 우리는 모르고 살지."

> 착한 일 그동안 알았던 것과는 차이가 있습니다. 주님께서 내 안에서 일하실 때 우리는 착한 일을 할 수 있습니다. 새롭게 깨달은 말씀을 기록해 봅시다. ✍

마5:48

딤전6:3-15

딤전4:6-10

히5:11-14

마5:17-20

약1:17-27

시23:1-6

마3:11-16

엡2:4-8

고후8:9

고후9:8

고전15:10

약5:7-11

요1:14-17

♥눅1:35

천사가 대답하여 가로되 성령이 네게 임하시고 지극히 높으신 이의 능력이 너를 덮으시리니 이러므로 나실바 거룩한 자는 하나님의 아들이라 일컬으리라

즐거운 마음으로 드릴 힘은
오직 성령의 능력이 역사하실 때

터벅터벅... 경치가 혼자 보기 아깝군. 여기서 좀 쉬었다가야겠어. 휴- 모두가 다 나를 위한 것임을 깨닫게 될 때가 언제일까? 원망과 불평만 늘어놓기를 그만두고... 주님께서 행하라 한 일들을 말이다. 우리 각자는 너무나 죄송할 때가 반드시 와야 한다. 우리는 육이 살아있을 뿐이다. 설마 내가 죽었다고? 영이 죽어 있다는 사실은 꿈엔들 생각하지 못한다. 거듭 태어나되 물과 성령으로 살아나야 한다. 물? 여러 가지로 말할 수 있지만 결국 주님의 마음으로 보는 말씀이 있어야 한다. 또한 성령은 이러한 말씀을 먹고 있

는 자에게 역사하신다. 내 것은 어떤 것도 받으실 만한 것이 없다. 다만 내게 오신 성령을 통하여 나에게 받은 것으로만 드려지기에 거기에는 대상29:10-19 기쁨으로 즐거이 드려지는 것만이 존재한다. 히2:10-11; 롬8:29 맏형인 예수님이 하나님의 것으로 드렸듯이 나도 그 주님이 보여주시고 나타내신 것으로 드리면 되는 것이다. 그러기에 먼저 벧전1:9; 신30:6; 요3:5; 엡4:23-24 영혼이 구원 받는 길로 가야하는 것이다. 이 결론을 얻는 것이 이 세상에 태어난 후회 없는 선택이 된다. 왜냐하면 우리에게는 이 인생뿐만 아니라 영원한 생명이 있기 때문이다.

깨달은 말씀을 기록하면서 가면 도움이 되요.

히2:10-11

롬8:29

벧전1:9 내 마음과 생각이 주님의 성품으로 바뀌는 것이 구원이다.

신30:6

요3:5

엡4:23-24

♥**눅1:38**

마리아가 가로되 주의 계집 종이오니 말씀대로 내게 이루어지이다 하매 천사가 떠나가니라

아멘 하니

말씀이 내게 임하시면 반드시 말씀대로 이루어져 진다는 것이다.
마리아는 믿음이 적어 무섭고 놀라울 따름이라 천사의 말한 것을 확인하려고 엘리사벳을 찾아 달려갔을 지라도...눅1:45 믿은 여자에게 복이 있도다. 이 일이 있은 후 마리아가 변화를 받았다.
주 안에 있는 사람에게 말씀이 임할 때 무릎이 절로 꿇어지게 되어 있다. 또한 받아들이고 아멘하게 되어있다. 하나님의 약속은 반드시 이루어진다. 저도 약속을 받게 해주세요! 주님~

그릇만 된다면! 하나님께서는 손에 들고 받을 자를 찾고 계신다네. 영적인 것도 욕심으로 하면 안 된다는 거! 꼭 명심하게!

♥눅1:13,46-47

　천사가 일러 가로되 사가랴여 무서워 말라 너의 간구함이 들린지라 네 아내 엘리사벳이 네게 아들을 낳아 주리니 그 이름을 요한이라 하라 마리아가 가로되 내 영혼이 주를 찬양하며 내 마음이 하나님 내 구주를 기뻐하였음은

내 영혼이 기뻐지고

성령님이 오셔서 사람의 마음을 변화시켜주시면 비로서 주께서 하신 말씀이 무엇인지 알게 되고 자기에게 가장 좋은 것으로 주신 주

님으로 인해 기뻐하고 찬양하게 된다. 아브라함과 그 자손에게 주리라는 영영한 약속이 나에게 임하는데 기뻐하지 않을 자가 누구인가? 사실 받아 본 사람만 누리는 기쁨이다. 약속을 미리 알고 기다리는 자에게 있을 영광은 우리가 상상도 못해본 곳으로 인도하신다.

그런데 문제는 믿는다 하는 자들 가운데 하나님이 약속한 것이 무엇인지 모르는 사람들이 너무나 많다는 거네. 언제 어디서 만나기로 한 약속을 모른다면 영영 만날 수 없는데 말이네!

♥눅1:67
그 부친 사가랴가 성령의 충만함을 입어 예언하여 가로되

성령 충만이라.

이 많은 열쇠 중에서 어떤 게 맞는 거지? 이 창고에 지혜의 상자가 들어 있다고 했는데 이걸 다 맞춰 보려면 아휴- 맞는 게 있기는 하나. 발만 동 동 동

성령 충만! 이라하면, 자신의 육적인 삶과 직결시켜 이러 쿵 저러 쿵 하는데 이것은 하나님의 뜻과 전혀 맞지 않는다. 정확히 성령님이 하는 일은 우리에게 성경에 일러준 말씀을 가르쳐 주시고 깨닫게 해주고 생각나게 하신다. 또한 예수 그리스도에 대하여 증거 해

주고 진리 가운데로 더욱 더 나아가게 해주는 일을 하신다. 하나님께서 미리 약속한 일에 대해 사가랴는 성령을 통해 깨달아 풀어 말하고 있는 것이다!

아니 가만, 이 정도면 주인도 찾아 쓰기 힘들지. 이 창고 주인은 마스터키를 갖고 있지 않을까?

많은 사람들이 왔다가 그냥 가던데 어떻게 나를 찾아올 생각을 했나? 허허 자 여기 있네. 약속 하신 성령을 구하는 자를 요즘 찾기가 힘들어 다 자기 일을 구하느라 여기로 오는 자가 없네.

♥눅2:10-14

> 천사가 이르되 무서워 말라 보라 내가 온 백성에게 미칠 큰 기쁨의 좋은 소식을 너희에게 전하노라 오늘날 다윗의 동네에 너희를 위하여 구주가 나셨으니 곧 그리스도 주시니라 너희가 가서 강보에 싸여 구유에 누인 아기를 보리니 이것이 너희에게 표적이니라 하더니 홀연히 허다한 천군이 그 천사와 함께 있어 하나님을 찬송하여 가로되 지극히 높은 곳에서는 하나님께 영광이요 땅에서는 기뻐하심을 입은 사람들 중에 평화로다.

온 백성에게 미칠 큰 기쁨의 좋은 소식
그리스도 구주를 만나니 우리의 표적이다.

안녕하세요? 당신이 저 아래 오고 있을 때부터 기다리고 있었답니다. 아 네 반가워요 당신도 그리스도 주님에 대한 소식을 들었나요? 네 물론입니다. 저도 알고 있지요. 저는 3일정도 여기 머물러 가라는 주님의 지시를 받았어요. 우연히 당신이 오고 있는 것을 보게 되었고 만나고 싶었답니다. 저는 주님의 음성을 뚜렷이 들을 수가 없어요. 왜? 그리스도가 그렇게도 큰 기쁨이고 나의 목표가 되어야하는지? 이런 생각을 하는 제 자신을 보고 나는 너무나 믿음이 없구나 하고 있었지요. 제가 보기엔 그것은 주님께서 당신이 푯대를 찾아 잃지 않도록 하기 위해 친히 주신 마음인 것 같습니다. 아 정말요? 계속 주님께 묻고 가면 머지않아 답을 주실 겁니다. 고마워요. 갈증이 풀리는 기분이에요. 도란도란...
즐거운 시간이었어요. 그럼 먼저 갈게요. 고마웠어요 ~

많은 사람들이 자기를 지으신 창조자의 뜻을 잊고 세상의 풍속을 좇고 공중 권세 잡은 자의 영을 따라 살다가 자기가 말미암은 주님께로 가지 못하고 진노 받을 곳으로 향하게 되는구나. 정말로 안타깝다. 이 세상을 살 때 해야 할 일은 육적 몸을 벗고 그리스도와 함께 죽고 그리스도와 함께 살아나는 거듭나는 삶, 곧 하나님을 따라 의와 진리의 거룩함으로 지으심을 받은 새 사람이 되는 일에 힘써야 하지만...여전히 하나님 나라로부터 이방인인 삶이라니! 나를 지으실 때부터의 목적을 이루는 길, 성령 세례 받으므로 나라와 권세와 영광을 이 세상에서 완전히 이루며 살다가 그대로 주님께로 돌아가는 것임을 잊지 않겠습니다! 제가 기쁨을 느낄 수 없었던 것은 그러한 삶이 너무나 높아 과연 있는지 들어다 보지도 못하고 알지도 못했기 때문인 것을… 성령을 받지 않으면 느낄 수 없는 것임을 알았습니다. 약속하신 대로 제게도 이 일이 이루어지게 하소서.

자네가 전심으로 구해야 할 것은 땅에 있는 것이 아닌 바로 '성령'이라네! 흠, 다른 말로 표현한다면 말씀을 이루려고 하는 구함이 되어야 한단 말이네.

> 성령 세례를 받음으로 이 모든 것이 진실임을 알게 됩니다. 이것은 머리로 아는 것과는 전혀 다른 것입니다. 기뻐하심을 입은 사람들 중에 평화란 무슨 뜻일까요?

눅2:14 기뻐하심을 입은 자에게 평화로다. 그리스도를 섬기는 자를 기뻐하신다

롬14:18

요5:19-20

요8:29 예수님도 하나님께서 기뻐하시는 일을 하셨다.

요15:1-12

엡1:3-23 나도 그리스도 안에 들어가면 주님의 생명으로 태어나(요일3:9) 항상 마음을 다하고 성품을 다하여 하나님 아버지를 신30:6 사랑하게 하여 그 안에서 보고 듣고 사는 삶을 살고 나를

기뻐하시고 항상 함께 하시는 은혜에 감사드리게 됩니다.

요6:40
요10:27
요13:34 예수님이 우리를 사랑하심과 같이 너희도 서로 사랑하라
골1:16-18
신18:13-18
골1:26-28

♥눅3:21

백성이 다 세례를 받을째 예수도 세례를 받으시고 기도하실 때에 하늘이 열리며

(그리스도의 비밀)
기도로 하늘 문이 열려 성령 받으니 기쁨이요

살후2:13-14 그리스도가 내 안에 오시는 것이 믿음이고 복음이다. 인류는 첫 사람 아담 이후로 비록 육은 살아 있지만 영이 죽은 상태로 살아가고 있다. 벧전1:23-25; 요일3:9 육에 있는 자가 썩지 아니할 하나님의 씨로 거듭 태어나려면 첫 것, 율법을 폐하신 자 예수 그리스도에게로 가야한다. 그가 죽은 자 가운데서 부활하여 하나님의 아들이 되신 자이기 때문이다. 히10:9-18 그가

성령으로 우리 마음에 오심으로 둘째 약속이 이루어진다. 롬1:1-4,16-17 우리는 이 약속을 믿음으로 어찌하든 그리스도 안에 들어가는 것이 급선무인 것이다. 갈1:4-7 이것이 육신의 법아래 사는 악한 세대에서 우리 자신을 구하는 유일한 길이다.

갈3:16 오직 그리스도 안에서 하나님의 자손이 되는 약속이 이루어지지. 바로 마1:1 영적 족보 안에 들어가게 되는 거라네!

> 새롭게 깨달은 말씀을 기록해 봅시다. 🖊

살후2:13-14

벧전1:21-25

요일3:9

히10:9-18

롬1:4,16-17

갈1:4-10

갈2:20

갈4:28

마1:1

♥**눅4:18**
　주의 성령이 내게 임하셨으니 이는 가난한 자에게 복음을 전하게 하시려고 내게 기름을 부으시고 나를 보내사 포로 된 자에게 자유를, 눈먼 자에게 다시 보게 함을 전파하며 눌린 자를 자유케 하고

진실한 마음으로 예수님께 돌아오면 렘4:1-4 성령 세례를 주사 마3:11 심령을 새롭게 하여 문제에 눌린 자를 자유하게 하시고 엡4:23-24.

요일2:27 내 마음에 성령, 은혜를 넘치게 하여 착한 일을 시작 하시는데 여기 기록된 말씀을 지키는 것이 아니라 그리스도 예수가 내 육체 안으로 오셔서 행10:38; 마3:11; 골2:12; 고후9:8; 히7:28 아브라함에게 약속하신바와 같이 그 약속을 믿고 그리스도 예수 안으로 들어가 살고자 하는 자의 마음에 세례를 베풀어 부드러운 마음 곧 주님의 마음을 주어 그리스도 안에서 들려주시고 보여주심으로 주님께서 이끄는 대로 행하니 하나님 사랑, 이웃사랑이 이루어지는 것이다. 히6:13-18; 히8:6-13; 겔11:19-20; 렘24:7; 신30:2-14 내 마음에 기록해 주신 그 말씀으로 하나님을 사랑하고 그리스도가 나의 주인이 되어 그의 마음을 알아 모든 명령을 행할 수 있도록 욜2:12-14; 욜2:21-27 내 마음에 새것과 옛것으로 넘치게 된다. 마13:51-52; 요17:3; 막12:26-31.

문제와 고난을 뛰어넘는 방법에는 항상 두 갈래 길이 있다네. 신30:15 다 팔아서 사라고 한 말씀을 기억하나? 문제 속에 갇혀 있

으면 해결 하지 못하기 때문이야. 새 출발하기 위해 주님 안으로 들어가는 길을 택한다면 그 보다 좋은 선택은 없다네.

> 현실의 문제 속에 빠져 있을 필요가 없이 주님을 신뢰하면서 그 안에 들어가기를 힘쓰고 있으면 해결되지 못할 것만 같던 일도 아무 것도 아닌 것을 알게 됩니다. 마귀는 어떻게 해서든 그리스도 안에 못 들어가게 하는 것이 목표일 것입니다. ✍

렘3:19-23

렘4:14

렘5:1

렘17:9

렘24:7

렘31:31-34

마3:11

엡4:23-24

요일2:27

행10:38

요7:37-39

눅11:13

골2:11-12

고후9:8

히7:28

히4:12

히6:13-18

히8:6-13

겔11:19-20

신30:2-14

욜2:12-14

욜2:21-27

요17:3 영생은 성삼위를 아는 것이다.

막12:26-31

신30:15-20

♥눅5:8-11

시몬 베드로가 이를 보고 예수의 무릎 아래 엎드려 가로되 주여 나를 떠나소서 나는 죄인이로소이다 하니 이는 자기와 및 함께 있는 모든 사람이 고기 잡힌 것을 인하여 놀라고 세베대의 아들로서 시몬의 동업자인 야고보와 요한도 놀랐음이라 예수께서 시몬에게 일러 가라사대 무서워 말라 이제 후로는 네가 사람을 취하리라 하시니 저희가 배들을 육지에 대고 모든 것을 버려두고 예수를 좇으니라

예수께서 여호와 하나님의 아들이심을 알고

제자 되어 예수님을 따르고

사람들은 자기를 지으신 창조자를 잊고 평생을 살다가 육신의 죽음을 맞이한다. 그러나 그때가 되면 아무도 부인할 수 없다는 것을 그때서야 알게 된다? 만물이 그를 증거 하였지만 내가 그 길로 가지 않았던 것을 후회하게 된다. 전도서1장-12장

다행이 우리에게는 기회가 남아있다. 하나님을 믿는다고 하는 나에게 지금 '거짓말 하지 말라'고 말해 보라. 육신의 생각과 마음이 나에게 얼마나 마귀적인 것인지 알게 되는 순간이 인생에서 내가 만나야하는 복이다. 하나님의 사람이 되는 과정 속에는 나의 경험보다는 깨달음이 필요하다. 하나님께서는 인간을 만들 때 심령이라는 그릇에 성삼위를 담을 수 있게 지으셨다. 거기에 무엇을 담을지는 자유 의지에 맡기셨다. 우리를 로봇으로 만드시지 않으셨다. 그 그릇에 곧 마음에 하나님을 두기 싫어하므로 다른 것이 주인이 되어있다. 그래서 넘어지고 있고 아파하고 있고 고통 속 있는 것임을 언제쯤 알게 될까. "나 다! 이 놈아 내가 너를 낳았다. 아직도 모르겠느냐고 너를 도울 자는 나(주님)뿐이라고…"

마음과 목숨을 다해 우리를 사랑하신 분이 너도 마음 목숨 다해 오라고 하면 짐이 되는가? 가보려고 생각은 했는지 먼저 물어야 하나? 나 원! 이거 하나만은 알려주지! 약속을 믿고 구하고 기다리는 자에게 오신다네. 간절히 찾고 찾는 자에게 말이네.

> 맹세하고 약속까지 하면서 이래도 못 믿겠느냐고 누가 당신을 위해 목숨까지 버리면서 보증을 서신 분이 있었습니까? 아직도 당신을 지으신 분이 누구인지 모르겠어요? 육으로 난 것만을 추구하는 당신이라면 이 말이 상당히 어렵게 들릴 수 있다는 것을 잘 압니다. 새롭게 깨달은 말씀을 기록해 봅시다. ✎

♥눅6:12

이 때에 예수께서 기도하시러 산으로 가사 밤이 맞도록 하나님께 기도하시고

산상 철야기도하시는 예수님을 보며

예수님은 무엇을 기도 하셨을까? 내가 하는 기도와는 분명히 차이가 있다. 우리가 구하는 근본을 찾아 줄이고 줄이면 하나님이냐 재물이냐. 아이러니하게도 둘 중 하나를 주인으로 삼고 있는 것이다. 양심적으로 나는 하나님을 주인으로 하지 않고 살고 있다는 결론을 얻었다면 재물을 주인으로 하고 있다는 것이다. 마6:24 그래서 돈을 사랑함이 일만 악의 뿌리! 딤전6:10 그렇다면 하나님을 구한다는 것은 무엇인가? 결론적인 말을 여기서 하는 것이 적절한지 모르겠지만 네가 추구하던 것을 내려놓고 하나님께 돌아와라 내가 가장 좋은 것으로 주마! 너는 지금 어두움에 있다는 사실도 모르는구나! 성령을 구해라 성령이 네가 해야 할 모든 것을 가르쳐주시고 예수님이 해준 말이 무엇인지 깨닫게 해주시고 생각나게 해서 모

든 것을 분별하게 할 것이다. 성령이 네게 임하면 너에게 역사하던 가짜 하나님이 떠난다. 막9:29; 마7:7; 눅11:13 더 이상 어두움의 세력이 유혹하지 못하게 된다. 이제까지 안 들리고 안보이던 하나님 나라가 보이고 들리면서 그 안에 있는 것으로 예수님 보다 더 큰일을 하겠구나 하는 믿음이 내 안에서 실제가 된다. 마6:9-13; 시55:17; 롬8:26,34 주님의 마음과 뜻에 따른 최고의 기도를 배우게 된다.

육신의 것을 구하겠는가? 미안하지만 진짜 하나님은 그런 기도 안 들으신다네! 아직도 모르겠나? 자네가 가짜 하나님을 섬기고 있다는 것을 말이네.

> 잠시 받는 고통을 참지 못하고 오직 육의 것이 없으므로 원망과 불평을 하다가 죽고 이제는 사는가 싶더니 다시 풍요의 신을 하나님으로 섬기는 꼴이라니 과거나 지금이나 다를 바가 없습니다. 언제가 되어서야 하나님께 돌아갈까요...

♥눅7:46-47

너는 내 머리에 감람유도 붓지 아니하였으되 저는 향유를 내 발에 부었느니라 이러므로 내가 네게 말하노니 저의 많은 죄가 사하여졌도다 이는 저의 사랑함이 많음이라 사함을 받은 일이 적은 자는 적게 사랑하느니라 주님의 그 큰 사랑과 은혜를 받은 바 주님의 것을 주님께 드린 그 사랑으로 요13:34; 롬8:2.

그리스도 안에 들어가라는 말이 왜 자꾸 맴돌지? 그러고 보니 성령을 구하라는 말도 자기의 깨달음이 없이 머리로만 알고 있으면 이론일 뿐이다. 어떻게 들어갈 수 있단 말인가?

예수님께서는 자신을 죽이고 망하게 한 사람도 사랑하는 것을 보여주셨다. 우리가 죄인 되었을 때 우리를 사랑하신 것처럼 하나님은 사랑이시니까 내 안에 하나님으로 가득 차 있으면 되는데…

정말로 사랑할 수 없는 상황에 있고 어떤 사람을 도저히 용서할 수 없는 속에서 사랑 수 있게 해달라고 진실로 사랑을 위해 몸부림쳐 본 적이 있는가? 이것이 그리스도 안으로 들어가는 길이다. 그런 사람에게 나타나 나로서는 할 수 없는 사랑을 이룰 수 있도록 성령세례를 베풀어 주어 주님의 마음과 생각, 뜻을 이루는 자녀의 삶을 살게 된다. 마5:44-45.

그리스도 안에 들어간다는 것이나 성령을 구하라는 것은 동일한 길이다. 한 말씀이라도 이루고 살려는 마음이 곧 경건의 훈련을 바르게 받고 있는 사람이다. 주님의 마음으로 행하니 내가 한 것이 없는 것이다.

> 돌아가고 싶어도 안 되는 것이, 원망과 불평을 안 하려고 해도 나오는 것이 육체로 사는 '나'일 수밖에 없음을, 곤고한 사망의 늪에서 너희 스스로는 빠져 나올 수 없다는 것을 알고 주님께서 '성령을 받으라'고 했던 것입니다. 마귀는 내가 물리칠 수 있는 호락호락한 존재가 아닙니다. ✍

마12:28
그러나 내가 하나님의 성령을 힘입어 귀신을 쫓아내는 것이면 하나님의 나라가 이미 너희에게 임하였느니라

롬14:17
하나님의 나라는 먹는 것과 마시는 것이 아니요 오직 성령 안에서 의와 평강과 희락이라

아하! 성령님이 오시면 내 안에 귀신을 쫓아내고 비로써 하나님 나라가 임하는구나.

마5:11-12

마5:44-45

엡1:7

신30:2-14

겔36:25-28

엡5:8-14

시32:1-6

눅19:8

행10:2-3

♥눅8:10

가라사대 하나님 나라의 비밀을 아는 것이 너희에게는 허락되었으나 다른 사람에게는 비유로 하나니 이는 저희로 보아도 보지 못하고 들어도 깨닫지 못하게 하려 함이니라

보고 듣는 사람만 아는 하나님의 은총.

다 버리고 따른 제자 된 자에게 하나님 나라의 비밀을 나타내어 보이고 주님의 음성을 들을 수 있다. 마13:16; 요6:40; 요10:27 '그리스도 안에 있는 자'가 말씀하는 바가 무엇인지를 안다. 골1:3-6; 요14:19-21,26 교회를 다니고 성경을 백독하였다 할지라도 그리스도 밖에 있는 한 절대로 절대로 알 수 가 없는 것이다.

예수님 믿으면 영혼의 구원을 바라는 믿음으로 나아 와야 한다. 나의 죽은 영혼이 먼저 살아나야 하는 것이 첫째다. 성령은 내 안에서 주님께서 일러준 모든 말씀을 가르치시고 생각나게 하실 것이다. 슥12:10-12; 마5:3-4; 시107:23-32 무엇이 잘못된 것인지를 깨닫고 하나님의 뜻을 따라 부르짖고 기도하고 돌아와야 한다.

> 주님께서 하나님을 믿는다고 하는 사람에게 이런 마음을 줄지 모릅니다. '너는 아직 출발도 안 했구나.' 한다면 돌이키고 찾아갈 마음이 남아있는지 스스로에게 질문해 봅시다. ✍

♥눅9:23-27

또 무리에게 이르시되 아무든지 나를 따라 오려거든 자기를 부인하고 날마다 제 십자가를 지고 나를 좇을 것이니라 누구든지 제 목숨을 구원코자 하면 잃을 것이요 누구든지 나를 위하여 제 목숨을 잃으면 구원하리라 사람이 만일 온 천하를 얻고도 자기를 잃든지 빼앗기든지 하면 무엇이 유익하리요 누구든지 나와 내 말을 부끄러워하면 인자도 자기와 아버지와 거룩한 천사들의 영광으로 올 때에 그 사람을 부끄러워하리라 내가 참으로 너희에게 이르노니 여기 섰는 사람 중에 죽기 전에 하나님의 나라를 볼 자들도 있느니라

주 앞에 날마다 자기를 부인하고(겉 사람(육)은 내가 아니요 하고) 주의 영과 나의 속사람이 함께 십자가의 사랑으로

그러니까 신령과 진정으로 예배하는 자는 요4:24 보이는 유혹의 욕심을 따라 사는 옛 사람 내 생각, 내 뜻으로 사는 육은 죽고 나의 속사람 영이 살아 주의 영이 함께하는 자이다. 이 사람은 예수님만 나타나는 삶, 말씀이 충만한 거룩한 백성으로 하나님이 처음부터 지으려 했던 새 사람, 엡4:23-24 죄를 위하여 제사할 필요가 없는 둘째 약속이 이루어진 사랑의 존재인 것이다. 히10:9-10, 11-18.

> 마귀는 걱정과 염려로 끌고 갑니다. 그리스도 안에 들어가는 길을 가로막고 섭니다. 그럴 때 당신은 어떻게 하시겠습니까?

마13:16

요6:40

요10:27

계1:1-3

창12장-22장

히10:9-10

히10:11-18

히4:10

히8:10

히4:12

♥눅10:21

이 때에 예수께서 성령으로 기뻐하사 가라사대 천지의 주재이신 아버지여 이것을 지혜롭고 슬기있는 자들에게는 숨기시고 어린 아이들에게는 나타내심을 감사하나이다 옳소이다 이렇게 된 것이 아버지의 뜻이니이다

성령의 능력으로 보고 듣고 사는 기쁨으로 어린아이 되어

자기 것을 다 버리지 않는 한 마19:29 세상과 타협한 하나님?(마귀)을 만나고 주님의 인도함을 받기는 어렵다.

내 마음 내 생각으로는 욕심에서 벗어날 수가 없음을 깨닫고 한 말씀이라도 진실로 이루게 해달라고 구하고 기다리는 자에게 두 번째 성령의 약속이 이루어진다. 아무리 돌이켜 보아도 다른 방법이 없습니다. 옳습니다! 이렇게 된 것이 아버지의 뜻입니다. 세상과 타협한 지혜롭고 슬기 있는 자들에게는 숨기시고 주님의 약속을 믿고 기다리는 자에게 주님 자신을 나타내심을 감사합니다.

자네의 가장 큰 보물은 무엇이지? 이런 질문에 자신을 속인다면 하나님께 돌아갈 수 있다고 보는가? 내가 세상 것임을 깨닫고 돌아갈 수 있는 길을 찾는 여행을 멈춰서는 안 되네.

예수님은 어린 아이처럼 아무것도 스스로 하는 것이 아니라 하나님의 생명 안에서, 아버지를 머리로 하고 보여주시고 들려 주신대로 우리를 사랑하셨다. 요13:34; 요6:40; 요10:27; 요5:19-20 성령께서 주시는 기쁨은 세상에 지혜 지식으로 알아지는 것이 아니다.

육신의 생각으로 먹음직, 보암직, 지혜롭게 할 만큼 탐스러운 것, 시간이 지나면 사라져 버릴 보이는 것을 따라 이것을 충족 시켜줄 자신이 만들어낸 하나님을 찾아간다. 진실로 돌아오지 않는 자들에게 스스로 속이는 자들과 함께하게 한 것, 이렇게 된 것이 아버지의 뜻이다. 롬6:16; 요8:44; 요일2:16 그들은 말씀과 동떨어진 삶에 대해 단언하여 말한다. 더 이상 이런 구속에서 살지 않게 하기위해 예수님이 십자가에서 우리 죄를 다 지고 돌아가셨다고 합리화 하고 재물 얻을 길을 열어줄 하나님께로 날마다 손을 들고 향한다. 그 길의 끝까지 가서야 여호와의 길이 아니라고, 내가 하나님의 법을 알지 못했다고 후회할 셈인가?

하나님의 은혜가 그리스도를 통해 열려있다. 이것이 복음이다. 어린아이 같다는 것은 실제로는 하나님을 아는 지혜 지식이 장성한 자를 말한다. 우리는 그리스도의 할례를 받음으로 동일하게 하나님의 생명으로 태어나서 주님을 머리로 하고 주님께서 보여주시고 들려주시는 대로 사랑하고 살 수 있는 길이 있다. 주님께서 100% 다 이루어주시는 새 에덴이 누구에게나 열려있다. 렘4:1-4; 사55:1-3; 골2:11-12.

> 내가 당연하게 여기고 있는 육신의 소욕들이 하나님의 은혜로 가는 길과 상반된다면 과감히 버려야 합니다. 은혜 안에서 이루어지는 모든 것은 내가 이루려고 했던 것보다 내가 생각했던 것보다 백배나 더 좋은 것이기 때문입니다. ✍

마19:29

마19:26

롬3:20

요13:34

새 계명을 너희에게 주노니 서로 사랑하라 내가 너희를 사랑한것 같이 너희도 서로 사랑하라

아하! 나도 새 계명을 선물 받아 예수님처럼 계명을 지키고 살라는 말씀이구나.

요6:40

요10:27

요17:11-12

요17:17,26

요17:21-25

요5:19-20

요8:26-29

롬14:18

마11:25-30

렘4:1-4

사55:1-3

갈2:20

롬6:3-4

♥눅10:27

대답하여 가로되 네 마음을 다하며 목숨을 다하며 힘을 다하며 뜻을 다하여 주 너의 하나님을 사랑하고 또한 네 이웃을 네 몸과 같이 사랑하라 하였나이다

영원한 주님의 뜻대로 반석위에 집을 짓고 마7:24 보고 요6:40 듣고 요10:27 살게 되어 주님을 마음에 모시고 마음과 목숨을 내놓는 사랑 가지고 예수님처럼 사는 새 계명.

> 하나님은 새 계명을 줄 테니 그것으로 사랑하고 살라고 하십니다. 하나님의 것으로 하라는 말입니다. 이것은 받은 사람만이 아는 것입니다. ✎

막12:26-31
벧전1:21-22
요13:34
신30:6-20
벧후1:1-4
요15:15
요15:1-7

요일2:3-6

갈2:20

벧전1:15-16

골1:26-28

창17:1

♥눅11:13

너희가 악할찌라도 좋은 것을 자식에게 줄줄 알거든 하물며 너희 천부께서 구하는 자에게 성령을 주시지 않겠느냐 하시니라

주님 뜻대로 기도하니 성령 받고

성령은 진리로 이끌어 주십니다. 진리에 대해 기록하게 되길 기대합니다. ✍

눅11:9-13

마7:7-8

살전5:17

엡6:18

골4:2

단6:10

시55:17

막9:29

♥눅11:51-52
곧 아벨의 피로부터 제단과 성전 사이에서 죽임을 당한 사가랴의 피까지 하리라 내가 너희에게 이르노니 과연 이 세대가 담당하리라 화 있을찐저 너희 율법사여 너희가 지식의 열쇠를 가져가고 너희도 들어가지 않고 또 들어가고자 하는 자도 막았느니라 하시니라

다시 허물과 죄를 깨닫고 자복하니

> 그리스도 안에 들어가야 한다 하는 이도 드물었지만 이제는 알고 그 말을 외치는가를 놓고 들어보면 정작 어떻게 들어가는지 안내 받기가 쉽지 않습니다. 원래는 어렵지 않은 것인데 언젠가부터 어려운 것이 되어버렸습니다. ✍

마23:13-15

마15:14

욥42:6

욥25:6

렘17:9

고후10:5-6

롬8:5-8

요일1:8-9

마3:1-17

♥눅12:24-27

까마귀를 생각하라 심지도 아니하고 거두지도 아니하며 골방도 없고 창고도 없으되 하나님이 기르시나니 너희는 새보다 얼마나 더 귀하냐 또 너희 중에 누가 염려함으로 그 키를 한 자나 더할 수 있느냐 그런즉 지극히 작은 것이라도 능치 못하거든 어찌 그 다른 것을 염려하느냐 백합화를 생각하여 보아라 실도 만들지 않고 짜지도 아니하느니라 그러나 내가 너희에게 말하노니 솔로몬의 모든 영광으로도 입은 것이 이 꽃 하나만 같지 못하였느니라

믿음이 적음을 자복하고 오직 성령의 기도로 그의 나라를 구하라

> 육의 것, 걱정해서 될 것 같으면 주님께서도 걱정하라고 하시지 않았을까요. 근심은 오직 '어떻게 하면 주께로 돌아갈까'가 되어야 합니다. 돌아갔을 때 이루어진 것을 누리시기를 바랍니다. ✍

마6:33-34

막1:15

눅17:21

또 여기 있다 저기 있다고도 못하리니 하나님의 나라는 너희 안에 있느니라

아하! 하나님 아버지께서 내 안에 오셔서 사시기를 원하시는구나.

롬10:6-10
고전2:16
빌2:5
겔36:25-28
고전3:16
유1:20
롬14:17
마12:28
롬2:29
신30:6
골2:11

♥눅13:6-7

이에 비유로 말씀하시되 한 사람이 포도원에 무화과나무를 심은 것이 있더니 와서 그 열매를 구하였으나 얻지 못한지라 과원지기에게 이르되 내가 삼 년을 와서 이 무화과나무에 실과를 구하되 얻지 못하니 찍어버리라 어찌 땅만 버리느냐

항상 포도나무(예수님)에 붙어있는 가지인 나는
성령의(갈5:22-23) 열매를 맺고 사는 영광의 시와 찬미와 신령한 노래를 부르며 마음에 감사함으로 하나님을 찬양하고 골3:16.

어떻게 하고 있는 것이 포도나무인 예수님께 붙어있는 것인가요?

롬13:10
요13:34-35
요15:7-8
눅8:15
렘4:3-4
마3:11-12

♥눅13:16

그러면 십 팔년 동안 사단에게 매인바 된 이 아브라함의 딸을 안식일에 이 매임에서 푸는 것이 합당치 아니하냐

안식일의 주인이신 예수 이름으로 말씀하시니 이루시리라

내 안에 주님께서 말씀하셨다면 이루어졌다는 것입니다. 이렇게 놀라운 것을 이렇게 밖에 표현 할 수 없다는 것이 무척이나 아쉽습니다. 깨달은 말씀을 기록하고 넘어가세요.

마12:28
창3:6
요5:2-9

사55:11

겔24:14

겔36:36

히6:13-18

요17:1-26

요14:26

요15:1-15

요16:1-33

♥눅14:16

이르시되 어떤 사람이 큰 잔치를 배설하고 많은 사람을 청하였더니

하나님께 속한 자는 잔치에 참석하고
마귀에게 속한 자는 아니한다.

> 원래 청하였던 사람들의 대부분이 자기 사욕으로 육신을 배부르게 할 곳으로 찾아 갑니다. 그러므로 자기가 힘써 믿는 것도 아니요. 풍요의 신을 쫓는 것도 하나님께 돌아가는 길이 아닙니다. 그렇다면 당신은 어떻게 믿고 잔치에 참석할 것입니까?

눅14:16-24

갈3:27

갈3:16

갈2:20

사55:1-5 생수가 넘치는 곳으로 지금 곧 돌아오라

마4:17 회개하라고(알았으면 돌아오라) 외치는 주님의 음성이 들리는가

마23:37

렘4:1-4

욜2:12-14

욜2:21-24

♥눅14:33

이와 같이 너희 중에 누구든지 자기의 모든 소유를 버리지 아니하면 능히 내 제자가 되지 못하리라

하늘과 땅의 이치를 깨달을 수 있도록 제자를 부르신다.

전도서에 모든 일의 결국을 다 말하고 마지막으로 사람이 할 일에 대해 일러 주셨습니다. 돌아오라는 것이었습니다. 그런데 하나님께 돌아가는데 방해가 되는 것을 과감히 버리고 와야 제자로 삼아 주십니다. 누구나 제자가 되지 않으면 안 되는 것입니다.

느9:6-7

전12:13

잠30:2-4

왕상4:29-34

마19:29

골2:2-3

골2:11-12

벧전3:21-22

마22:1-14

마28:19-20

빌3:7-8

눅14:26-33

♥눅15:20

이에 일어나서 아버지께로 돌아가니라 아직도 상거가 먼데 아버지가 저를 보고 측은히 여겨 달려가 목을 안고 입을 맞추니

이 때 아버지는 너무 사랑스러워 하시며 제일 좋은 옷과 손에 가락지를 발에 신을 신기시니 너도 나도 생수가 넘치는 곳 그리스도 안으로 들어가자.

그리스도 안에 들어가서 그 안에 든 것을 보고 구하는 것입니다. 성령께서 안과 밖에서 도우셔야 이것이 이루어집니다.

눅15:11-32

마4:17 어서 돌아만 오오- 형제여

사55:1-5

시50:1

갈1:4-7

렘4:1-4

마23:37

고전1:26-31

롬14:6-10

욜2:12-14

욜2:23

호6:1-3

♥눅16:16

율법과 선지자는 요한의 때까지요 그 후부터는 하나님 나라의 복음이 전파되어 사람마다 그리로 침입하느니라

하나님 나라의 복음(주 예수 그리스도)을 전하니

하늘과 땅의 모든 권세. 모든 것을 갖추고 들어오라고 하십니다. 안 가면 자신만 손해입니다. ✍

요10:1-10

요15:1-15

마4:17

막1:15

골1:26-28

이 비밀은 만세와 만대로부터 옴으로 감추었던 것인데 이제는 그의 성도들에게 나타났고 하나님이 그들로 하여금 이 비밀의 영광이 이방인 가운데 어떻게 풍성한 것을 알게 하려하심이라 이 비밀은 너희 안에 계신 그리스도시니 곧 영광의 소망이니라 우리가 그를 전파하여 각 사람을 권하고 모든 지혜로 각 사람을 가르침은 각 사람을 그리스도 안에서 완전한 자로 세우려 함이니

신18:13-18

너는 네 하나님 여호와 앞에 완전하라 네가 쫓아낼 이 민족들은 길흉을 말하는 자나 복술자의 말을 듣거니와 네게는 네 하나님 여호와께서 이런 일을 용납지 아니하시느니라
네 하나님 여호와께서 너의 중 네 형제 중에서 나와 같은 선지자 하나를 너를 위하여 일으키시리니 너희는 그를 들을찌니라 이것이 곧 네가 총회의 날에 호렙산에서 너의 하나님 여호와께 구한 것이라 곧 네가 말하기를 나로 다시는 나의 하나님 여호와의 음성을 듣지 않게 하시고 다시는 이 큰 불을 보지 않게 하소서 두렵건대 내가 죽을까 하나이다 하매 여호와께서 내게 이르시되 그들의 말이 옳도다 내가 그들의 형제 중에 너와 같은 선지자 하나를 그들을 위하여 일으키고 내 말을 그 입에 두리니 내가 그에게 명하는 것을 그가 무리에게 다 고하리라

아하! 우리 모두 다 완전히 이루는 그리스도께로 돌아가자!

창17:1

히12:2

벧전3:22

롬1:4,16-17

골2:11-12

마23:10

행3:23-26

♥ 눅17:21

또 여기 있다 저기 있다고도 못하리니 하나님의 나라는 너희 안에 있느니라

너희 속에 하나님 나라가 있다.

> 내 마음 안에 성전이 건축되기를 기도하시기 바랍니다. 이것이 복음의 완성입니다. ✍

마6:33-34

고전2:7-16

고전3:16

엡1:22-23

엡2:4-6

골3:1-4

빌2:5

♥눅18:13

세리는 멀리 서서 감히 눈을 들어 하늘을 우러러 보지도 못하고 다만 가슴을 치며 가로되 하나님이여 불쌍히 여기옵소서 나는 죄인이로 소이다 하였느니라

충성하고 더욱 낮추는 세리처럼

> 내가 하고 움직일 때마다 죄밖에 나오는 것이 없음을 깨달았다면 스스로 한하고 돌아가집니다. ✍

눅18:9-14

욥42:6

잠22:4

딤전6:3

막2:17

눅5:32

요19:30

욜2:12-24

♥눅19:5,8-10
예수께서 그곳에 이르사 우러러 보시고 이르시되 삭개오야 속히 내려오라 내가 오늘 네 집에 유하여야 하겠다 하시니 삭개오가 서서 주께 여짜오되 주여 보시옵소서 내 소유의 절반을 가난한 자들에게 주겠사오며 만일 뉘 것을 토색한 일이 있으면 사배나 갚겠나이다
예수께서 이르시되 오늘 구원이 이 집에 이르렀으니 이 사람도 아브라함의 자손임이로다 인자의 온 것은 잃어버린 자를 찾아 구원하려 함이니라

주님의 마음(뜻)을 받고 행하는 삭개오처럼
(예수님 만나는 그 기쁨)

> 예수님 안으로 들어가는 것이 천국입니다. 천국은 육신이 죽어서 가는 곳이 아니라 육이 살아 있을 때 주 안에 있는 자(천국에 있는 자)의 영혼이 하늘로 올라가는 것 입니다.

마17:4 성령세례 받고
요10:1-30 천국을 보고 듣는 자가 복이 있다.
마13:16
요13:34-35
요15:7-8

♥눅20:37-38

죽은 자의 살아난다는 것은 모세도 가시나무떨기에 관한 글에 보였으되 주를 아브라함의 하나님이요 이삭의 하나님이요 야곱의 하나님이시라 칭하였나니 하나님은 죽은 자의 하나님이 아니요 산 자의 하나님이시라 하나님에게는 모든 사람이 살았느니라 하시니

아브라함과 이삭과 야곱에게 약속하신

그 약속을 믿고 새 생명 얻어

하나님이 아브라함과 이삭과 야곱에게 하신 약속이 오늘날 나와 약속한 것입니다. 무엇을 약속했는지 모르면 그것처럼 곤란한 일은 없을 것입니다. ✍

신30:6
히10:9-8
갈4:28
엡4:23-24
벧전1:15-16
고전3:9, 16

막12:26-31

죽은 자의 살아난다는 것을 의논할찐대 너희가 모세의 책 중 가시나무떨기에 관한 글에 하나님께서 모세에게 이르시되 나는 아브라함

의 하나님이요 이삭의 하나님이요 야곱의 하나님이로라 하신 말씀을 읽어보지 못하였느냐 하나님은 죽은 자의 하나님이 아니요 산 자의 하나님이시라 너희가 크게 오해하였도다 하시니라 서기관 중 한 사람이 저희의 변론하는 것을 듣고 예수께서 대답 잘하신 줄을 알고 나아와 묻되 모든 계명 중에 첫째가 무엇이니이까 예수께서 대답하시되 첫째는 이것이니 이스라엘아 들으라 주 곧 우리 하나님은 유일한 주시라 네 마음을 다하고 목숨을 다하고 뜻을 다하고 힘을 다하여 주 너의 하나님을 사랑하라 하신 것이요 둘째는 이것이니 네 이웃을 네 몸과 같이 사랑하라 하신 것이라 이에서 더 큰 계명이 없느니라

갈2:20

내가 그리스도와 함께 십자가에 못 박혔나니 그런즉 이제는 내가 산 것이 아니요 오직 내 안에 그리스도께서 사신 것이라 이제 내가 육체 가운데 사는 것은 나를 사랑하사 나를 위하여 자기 몸을 버리신 하나님의 아들을 믿는 믿음 안에서 사는 것이라

아하! 산 자가 되면 유일하신 주 하나님을 내 안에 모시고 하나님 사랑, 이웃 사랑하는 계명을 이루고 사는구나.

♥눅21:8

가라사대 미혹을 받지 않도록 주의하라 많은 사람이 내 이름으로 와서 이르되 내가 그로라 하며 때가 가까웠다 하겠으나 저희를 좇지 말라

그래도 미혹 받지 말고 오직 믿음 안에 있는가 스스로 시험하고 확

증하라 고후13:5 그리스도의 말씀이 내 안에 풍성히 거할 때 피차 가르치며 찬양하며 예수 이름으로 살며 이기자 롬10:27; 골3:16-17

> 내 안에서 사랑이 안 나가면 믿음에 있지 않은 것입니다. 새롭게 깨달은 말씀을 기록하고 넘어 가세요. 🖎

고후11:4,13-15
딤전4:1-2
벧전5:8
고후4:3-4
요일4:1-6
요이1:7-11
벧후2:1-3

♥눅22:15-20

이르시되 내가 고난을 받기 전에 너희와 함께 이 유월절 먹기를 원하고 원하였노라 내가 너희에게 이르노니 이 유월절이 하나님의 나라에서 이루기까지 다시 먹지 아니하리라 하시고 이에 잔을 받으사 사례하시고 가라사대 이것을 갖다가 너희끼리 나누라
내가 너희에게 이르노니 내가 이제부터 하나님의 나라가 임할 때까지 포도나무에서 난 것을 다시 마시지 아니하리라 하시고
또 떡을 가져 사례하시고 떼어 저희에게 주시며 가라사대 이것은 너

희를 위하여 주는 내 몸이라 너희가 이를 행하여 나를 기념하라 하시고 저녁 먹은 후에 잔도 이와 같이 하여 가라사대
이 잔은 내 피로 세우는 새 언약이니 곧 너희를 위하여 붓는 것이라

새 언약을 이루는 사랑의 음식과 피를 마시고
예수님처럼 살게 된다.

무엇을 먹고 마셔야 예수님처럼 살게 되는지 기록하여 봅시다.

요6:53-57
요8:26-29
요5:19-20

벧전3:15-16

너희 마음에 그리스도를 주로 삼아 거룩하게 하고 너희 속에 있는 소망에 관한 이유를 묻는 자에게는 대답할 것을 항상 예비하되 온유와 두려움으로 하고 선한 양심을 가지라 이는 그리스도 안에 있는 너희의 선행을 욕하는 자들로 그 비방하는 일에 부끄러움을 당하게 하려 함이라

아하! 마음에 그리스도를 내 주, 남편으로 모시고 주와 동행하니 거룩한 자 되어 소원 이루는 삶을 사는구나.

요6:40
요10:27
요14:26
요15:26
요16:13

요일2:37 특별히 요한복음13장-17장까지를 깨끗한 마음으로 먹고 마시고 살 때 마음에 큰 깨달음을 얻게 된다.

♥눅22:39-44

> 예수께서 나가사 습관을 좇아 감람산에 가시매 제자들도 좇았더니 그곳에 이르러 저희에게 이르시되 시험에 들지 않기를 기도하라 하시고 저희를 떠나 돌 던질만큼 가서 무릎을 꿇고 기도하여 가라사대 아버지여 만일 아버지의 뜻이어든 이 잔을 내게서 옮기시옵소서 그러나 내 원대로 마옵시고 아버지의 원대로 되기를 원하나이다 하시니 사자가 하늘로부터 예수께 나타나 힘을 돕더라 예수께서 힘쓰고 애써 더욱 간절히 기도하시니 땀이 땅에 떨어지는 피방울 같이 되더라

예수님의 기도를 배우니

예수님은 성령을 구하는 기도를 하셨다. 구세주 곧 그리스도로서 하늘의 것만을 구하신 것이다. 예수님은 아버지께서 창세로부터 약속한 성령 세례를 주기 위해 오셨다. 아버지의 뜻을 받들어 우

리로 하나님 사랑, 이웃 사랑을 이루게 하기 위해 뒤에 있을 큰 기쁨을 위하여 십자가의 고통을 견디고 능히 이룰 수 있게 구하고 또 구하는 기도를 하신 것이다. 하나님께서 기뻐하시는 기도를 하므로 천군 천사가 그를 도왔다. 예수님의 기도가 얼마나 위대한 기도였느냐 예수님과 하나님께서 생명으로, 마음으로, 이름으로 하나였듯이 우리도 성령으로 주님과 하나 되게 하는 기도의 본을 몸소 보여 주신 것이다.

> 새롭게 깨달아진 말씀을 기록하여 봅시다.

막9:29

시55:17

단6:10

살전5:12-24

요5:19-20

요6:40

내 아버지의 뜻은 아들을 보고 믿는 자마다 영생을 얻는 이것이니 마지막 날에 내가 이를 다시 살리리라 하시니라

요10:27

내 양은 내 음성을 들으며 나는 저희를 알며 저희는 나를 따르느니라

살전5:18

　범사에 감사하라 이는 그리스도 예수 안에서 너희를 향하신 하나님의 뜻이니라

아하! 보고 듣고 사는 삶이 얼마나 좋은지.
그래서 범사에 감사와 기쁨이 충만이라.

♥**눅23:34**

　이에 예수께서 가라사대 아버지여 저희를 사하여 주옵소서 자기의 하는 것을 알지 못함이니이다 하시더라 저희가 그의 옷을 나눠 제비 뽑을쌔

남 용서부터다.

용서의 옷은 천상의 옷이다.
이 하늘의 옷은 그리스도 신랑이 주는
최고의 선물이다.
이것은 원래 나에게 없는 것이니
가지신 분에게 부탁 드려야 얻을 수 있다.
바로 참 사랑이신 주님께 말이다.
예수님처럼 애매히 핍박을 받으면서도
저들을 용서해 달라고 할 수 있는 사랑을 받아
용서의 옷을 입자!

어쩜 그렇게 좋은 옷을 입고 어딜 다녀와요?

두리번 두리번 저 … 저요?

> 사랑이신 주님께서 내 안에 계시면 용서하려고 하지 않아도 용서가 됩니다. 새롭게 깨달아진 말씀을 기록하여 봅시다. ✍

막11:25

마6:14-15

마5:44-45

마6:9-13

렘4:1-4

사55:1-5

요7:37-38

행7:59-60

행20:19-35

♥눅24:46-47

또 이르시되 이같이 그리스도가 고난을 받고 제 삼일에 죽은 자 가운데서 살아날 것과 또 그의 이름으로 죄 사함을 얻게 하는 회개가 예루살렘으로부터 시작하여 모든 족속에게 전파될 것이 기록되었으니

부활의 주님을 믿고 그 안에 들어가
예수 이름을 선물 받아 이기는 삶을 살게 되니

그리스도와 함께 죽고 함께 살아나는 역사를 믿고 그 길을 찾아가면 주님의 마음, 주의 영광의 얼굴빛을 비추고 예수 이름으로 사는 비밀이 열리게 된다.

새롭게 깨달아진 말씀을 기록하여 봅시다.

벧전1:3-4
눅24:50-53
골2:11-12
요20:26-31
요21:15-22
계2:7,10,17,26-28
계3:5,12,21

♥**눅24:48-49**

너희는 이 모든 일의 증인이라
볼찌어다 내가 내 아버지의 약속하신 것을 너희에게 보내리니
너희는 위로부터 능력을 입히울 때까지 이 성에 유하라 하시니라

마음의 눈(엡1:18)

성령 받기를 구하여
주님의 축복을 받고 사는 천국백성
증인의 삶이 너무도 아름답구나!
(맛을 본 자만 아는 맛, 행복)

드디어 롬14:17-18 하나님 나라(천국)이 내 것이니 할렐루야! 찬송뿐이다. 사43:10-21 생수를 받아먹고 사는 것이 새 사람에게 주는 새 일이였구나!
깨어 있다는 뜻은 성령님으로 귀신 쫓아내고 사망의 잠에서 깨어 살았다는 것이다.

> 아침에 눈뜨자마자 무엇을 생각하고 말을 하느냐에 따라 당신이 영적인 사람인지 판가름 납니다. ✍

행1:4-5
눅11:13 먼저 성령을 구하여
마7:7-8 내 안에 계신 주님을 만나
요21:15-17
히11:1-3
벧전3:21-22

4장
요한복음

“ 요한복음 ”

♥요1:1-4

　태초에 말씀이 계시니라 이 말씀이 하나님과 함께 계셨으니
　이 말씀은 곧 하나님이시니라
　그가 태초에 하나님과 함께 계셨고 만물이 그로 말미암아 지은바 되
　었으니 지은 것이 하나도 그가 없이는 된 것이 없느니라
　그 안에 생명이 있었으니 이 생명은 사람들의 빛이라

말씀이 생명이고 빛인데

도대체 어떻게 된 거지?
뻘뻘- 아 땀이 흠뻑
계속 같은 곳을 맴돌고 있는 거 같아.
헉-헉-

만약 내가 어두움에 있다면
빛이신 하나님께로 가는 길을 피하여 가게 된다.
분명히 말씀을 따라 왔는데
딴 길로 가지는 이유가 무엇일까?

이 세상은 온통 죄의 유혹들로 가득하지.
자네 스스로 선과 악을 구분할 줄 안다고 생각하나?
선이라고 했던 일 중에도
악이 묻어나는 것은 무슨 이유 때문인가?

정말로 깨어있어야 한다.
약속을 믿고 내 안에 주님의 음성에
귀를 기울이지 않으면 안 되는구나.
선(善)은 주님으로 인한 것만 선이다.
이러한 주님을 떠나 사는 것이 바로 죄로구나.

사람의 소리는 일리가 있고
세상에 맞는 소리임에 틀림없으나
하나님의 뜻과는 전혀 다르다.

하나님께서 하신 약속을 믿지 못함이 큰 죄라네.

주님의 마음이 느껴지면서 평안을 되찾았다.
영원한 생명의 빛을 잃지 않도록 저를 도와주세요. 주여!
저 … 저쪽이다!

깨달은 말씀이나 내용을 기록해 봅시다.

창1:26 성삼위의 본질을 담을 수 있는 그릇이 나다.

고후4:3-4

갈4:19

요16:20-24

롬1:28-32

요8:12

딤후2:21

겔36:25-28

렘31:31-34

신30:6

엡1:7

히10:9-22

요8:37

렘17:9

마3:11-16

눅24:46-48

요일1:5

신30:6

♥요1:12

영접하는 자 곧 그 이름을 믿는 자들에게는 하나님의 자녀가 되는 권세를 주셨으니

영접은 어떤 사람이 하는가?

요14:20 마음이 하나요. 생명이 하나요. 이름이 하나. 예수 곧 아버지의 이름으로 하나 된 자가 하는 것이다.

요17:11-12, 21, 26

나는 세상에 더 있지 아니하오나 저희는 세상에 있사옵고 나는 아버지께로 가옵나니 거룩하신 아버지여 내게 주신 아버지의 이름을 저희를 보전하사 우리와 같이 저희도 하나가 되게하옵소서 내가 저희와 함께 있을 때에 내게 주신 아버지의 이름으로 저희를 보전하와 지키었나이다 그 중에 하나도 멸망치 않고 오직 멸망의 자식 뿐이오니 이는 성경을 응하게 함이니이다 아버지께서 내 안에, 내가 아버지 안에 있는 것 같이 저희도 다 하나가 되어 우리 안에 있게 하사 세상으로 아버지께서 나를 보내신 것을 믿게 하옵소서 내가 아버지의 이름을 저희에게 알게 하였고 또 알게 하리니 이는 나를 사랑하신 사랑이 저의 안에 있고 나도 저의 안에 있게 하려 함이니이다

슥14:9-10 구약의 예언의 말씀에도 성령의 삶을 살게 될 때 이름이 하나라고 하셨다. 곧 예수는 아버지의 이름이요 그 전능하심의 이름을 아들 그리스도에게 주어 마귀를 이기게 하시고 우리도

믿음의 조상 아브라함에게 신30:6 약속하신 할례의 언약을 믿는 자에게 할례를 베풀어 주님의 생명으로 태어나 예수님의 귀하신 이름을 선물 받아 생명이 하나요. 마음이 하나요. 이름이 하나가 되어 주님의 절대 권력인 사랑 안에서 살게 된다. 욜2:32; 행4:12; 행4:43 그 이름을 힘입어 하나님 나라를 이루고 살게 된다. 롬14:17; 골3:17 예수, 그 이름으로 능력이 함께 하리라! 막16:17-19; 말4:2.

♥요1:14
말씀이 육신이 되어 우리 가운데 거하시매 우리가 그 영광을 보니 아버지의 독생자의 영광이요 은혜와 진리가 충만하더라

모든 비밀을 깨닫게 하시고 이루게 하시는 그 말씀이 나에게 오는 것이 은혜요 진리다.

주의 말씀이 내 안에 있어 주님의 얼굴을 볼 수가 있고, 주님의 마음으로 이길 수 있을 때 예수 이름을 나타낼 수가 있구나!

주님이 다 하시니 은혜요. 내 마음에 주님의 형상을 만드는 이 약속을 이루시기 위해 오신 분이 예수님이시구나!

자네 몸이 성전이 될 수 있게 하려면 아직 버릴 것이 많이 있다네.

그러나 걱정 말고 주님만 따라가게. ^^

말씀이신 예수님이 내 안에 오셔서 계실 때 그 안에서 주시는 말씀이 요6:63 영이요. 생명이다. 이 말씀의 씨가 렘4:3-4; 겔36:25-28; 겔3:1-4; 고후3:3 내 마음 밭에 뿌려져서 고전3:9; 요8:44; 겔36:25; 갈5:24; 롬8:13 육신의 삶을 살아온 나에게 하나님 아버지의 크신 사랑과 은혜로 만물보다 거짓되고 렘17:9 악한 창6:5 마음을 물로 씻어 딛3:5 깨끗이 하여 우상을 제거하고 나니 생명의 빛이 비춰 말씀을 받아먹고 승리 또 승리하는 삶을 사는구나! 벧전3:15-16; 엡5:26; 딛3:5; 요7:37-39

> 깨달은 말씀을 기록해 봅시다.

요1:29-34

요6:63

렘4:3-4

겔36:25-28

겔3:1-4

고후3:3

고전3:9

요8:44

렘5:1

마23:10,37

겔36:25

막16:15-16

갈5:24

롬8:13

창6:5

렘17:9

딛3:5

벧전3:15-16

엡5:26

요7:37-39

골2:2 하나님의 비밀은 그리스도를 깨닫는 것이다.

골1:27

신30:6

마7:7

막4:26-32

딤전3:16

마3:16-17

마4:1-11

딤전6:12-15

요14:12-26

딤전3:9

히8:1-8

엡6:19 생명의 생령의 법이 마음에서 이루어질 때 무시로 하나님께 영광!

마11:25-30

막4:10-12 하나님 나라의 비밀을 제자들에게만 허락함

마28:19-20

♥요1:16-17

우리가 다 그의 충만한데서 받으니 은혜 위에 은혜러라 율법은 모세로 말미암아 주신 것이요 은혜와 진리는 예수 그리스도로 말미암아 온 것이라

그러니 기록된 율법의 말씀을 듣고
은혜 위의 은혜의 삶을 계속 살려면

'서로 사랑하라', '예수님처럼 살아라'
벧전1:15; 고전3:16; 요일2:6 대표적인 율법의 말씀… 그러나 꼬리표처럼 "사랑해야한다는 걸 알고 있지만…" "사람이 어떻게 예수님처럼 사냐고?" 하며 마음이 말씀과 일치되지 못하고 짐만 된다면 우리 마음에 가라지를 뿌려놓은 것과 다름이 없다. 아 이대로는 은혜가 되지 않는다.

율법이 자네한테 알게 한 것이 무엇인가?

그래, 나에게서는 선한 것이 나올 수 없지.
주님께서 내게 오셔야만 사랑을 할 수가 있다는 걸…이런 깜박이!
항상 이 은혜 위에 사랑도, 예수님처럼 사는 것도 가능해진다.

누구나 출발점에 다시 와야 할 때가 있지.
길을 잘못 가고 있다고 생각하면 언제든 돌아올 수가 있어야 하네.
아직은 분별하기 힘들겠지만 기록된 말씀을 통해 내가 어떤 존재인지 알 수 있어야 한다네. 이것은 아주 중요해!

> 깨달은 말씀을 기록해 봅시다. ✍

롬5:20 나는 할 수 없구나. 그리스도 안에 들어가는 수밖에.

율법이 가입한 것은 범죄를 더하게 하려 함이라 그러나 죄가 더한 곳에 은혜가 더욱 넘쳤나니

롬7:18

내 속 곧 내 육신에 선한 것이 거하지 아니하는 줄을 아노니 원함은 내게 있으나 선을 행하는 것은 없노라

아하! 마음은 원이나 선을 할 수 없는 나로다 아-아

롬8:1-2

엡1:3-7

엡4:7

마7:7

마28:19-20

엡2:8

골2:11-12

갈2:20

엡2:13

벧전1:18-19

히8:10-13

갈3:24

신30:6

마3:11

행2:38

갈3:26,29

마16:16-21

♥요1:33

나도 그를 알지 못하였으나 나를 보내어 물로 세례를 주라 하신 그이가 나에게 말씀하시되 성령이 내려서 누구 위에든지 머무는 것을 보거든 그가 곧 성령으로 세례를 주는 이인줄 알라 하셨기에

그리스도 안에서 쉬지 말고
서로 사랑하며 살기를 간절히 원하고 기도하며 살 때
성령세례 받으니 비로써 예수님을 알게 된다.

'그리스도 안에서'를
'은혜 안에서'라고 바꿔서 이해해도
되는지 보자...그래 같은 뜻이다!

"쏼라 쏼라 오 주여 쏼라 쏼라-"

방언기도!? 성령을 받은 사람이 하는 기도인가?
왜 쉬지 말고 성령을 구하라 하신 걸까?...

(얼마 후)..., 옳거니!
성령님이 바로 예수님의 모든 것을 알게 하시고
또 주님을 만날 수 있게 하시기 때문이다.
두 번째 약속을 내게 이루어주시기 위해
성령으로 세례를 베푸실 분이 주님이시다!

성령을 받은 증거는 주의 말씀을 가르쳐 주시고 생각나게 하시고
예수님, 곧 주님에 대해 맞다하는 증거를 각자가 받을 수가 있네.
그래야 믿음이 자라나지 않겠나?^^

또한 진리 가운데로 계속적으로 인도하시지 성령 받은 사람은
무엇이 성령으로 비롯된 일인지 안다네.

그렇다면 알 수 없는 말로 기도하는 것을
모두 통틀어 성령 받았다 할 수는 없겠구나!
맞다! 거의 모든 종교에서 방언이라는 것을 한다.
그러니까 방언을 하는 것만으로
성령을 받았다고 간주하는 것 보다는
내용과 나타난 증거로서 하는 것이
제대로 분별하는 것이겠구나.

깨달은 말씀을 기록해 봅시다.

마3:11 살리는 영, 성령세례를 받아야 용광로 같은 불로 새 사람된다.

사6:8-12

계3:19-20

요6:63

신30:6

롬6:4

갈2:20

요6:53-57

행2:38

롬8:1-2
막16:16-17

♥요2:2-11

예수와 그 제자들도 혼인에 청함을 받았더니 포도주가 모자란지라 예수의 어머니가 예수에게 이르되 저희에게 포도주가 없다 하니 예수께서 가라사대 여자여 나와 무슨 상관이 있나이까 내 때가 아직 이르지 못하였나이다 그 어머니가 하인들에게 이르되 너희에게 무슨 말씀을 하시든지 그대로 하라 하니라 거기 유대인의 결례를 따라 두세 통 드는 돌항아리 여섯이 놓였는지라 예수께서 저희에게 이르시되 항아리에 물을 채우라 하신즉 아구까지 채우니 이제는 떠서 연회장에게 갖다주라 하시매 갖다 주었더니 연회장은 물로 된 포도주를 맛보고 어디서 났는지 알지 못하되 물 떠온 하인들은 알더라 연회장이 신랑을 불러 말하되 사람마다 먼저 좋은 포도주를 내고 취한 후에 낮은 것을 내거늘 그대는 지금까지 좋은 포도주를 두었도다 하니라 예수께서 이 처음 표적을 갈릴리 가나에서 행하여 그 영광을 나타내시매 제자들이 그를 믿으니라

물이 포도주 되는 것을
주의 말씀에 순종한 하인은 알고

"내가 분명히 물로 채웠어요.
그런데 이걸 포도주라고
저 높은 사람한테 가져다주라는 겁니까?

누구 혼쭐 나는 거 보시렵니까?"

저러면 땡-!
주님 앞에 순종할 수 있는 위치는 내 생각이 지배하지 않는 자리이다. 주님께서 계셔야할 자리에 내가 앉아 왕이 되어 항상 내 마음, 내 생각대로 이론 생각이 앞서있던 것이 문제였다. 왕의 자리를 그리스도 주님께 내어 드리면 주의 말씀이 나를 살리신다는 것을 믿게 되고 이때부터 주님께서 들려주시는 그 음성을 듣고 순종하는 자리에 있을 수 있다.

응 그래, 내 생각대로 믿는 수준에 머물러 있으면 안 되네.
세상의 상식으로 논리적으로 이성적으로가 아니라 말씀하신 약속을 반드시 이루시는 분으로 나의 주님으로 나의 왕으로서 믿는 것이라네.

> 깨달은 말씀을 기록해 봅시다. ✎

미6:9 완전한 지혜는 그리스도 안에서 이루어진다.

창39:1-5

신8:1-3

사57:15

갈1:10

사41:8

♥요3:5

예수께서 대답하시되 진실로 진실로 네게 이르노니
사람이 물과 성령으로 나지 아니하면 하나님 나라에 들어갈 수 없느니라

물과 성령으로 거듭나

욜2:12-14

여호와의 말씀에 너희는 이제라도 금식하며 울며 애통하고 마음을 다하여 내게로 돌아오라 하셨나니 너희는 옷을 찢지 말고 마음을 찢고 너의 하나님 여호와께로 돌아올찌어다 그는 은혜로우시며 자비로우시며 노하기를 더디하시며 인애가 크시사 뜻을 돌이켜 재앙을 내리지 아니하시나니 주께서 혹시 마음과 뜻을 돌이키시고 그 뒤에 복을 끼치사 너희 하나님 여호와께 소제와 전체를 드리게 하지 아니하실는지 누가 알겠느냐

겔36:22-28

그러므로 너는 이스라엘 족속에게 이르기를 주 여호와의 말씀에 이스라엘 족속아 내가 이렇게 행함은 너희를 위함이 아니요 너희가 들어간 그 열국에서 더럽힌 나의 거룩한 이름을 위함이라 열국 가운데서 더럽힘을 받은 이름 곧 너희가 그들 중에서 더럽힌 나의 큰 이름

을 내가 거룩하게 할찌라 내가 그들의 목전에서 너희로 인하여 나의 거룩함을 나타내리니 열국 사람이 나를 여호와인 줄 알리라 나 주 여호와의 말이니라 내가 너희를 열국 중에서 취하여 내고 열국 중에서 모아 데리고 고토에 들어가서 맑은 물로 너희에게 뿌려서 너희로 정결케 하되 곧 너희 모든 더러운 것에서와 모든 우상을 섬김에서 너희를 정결케 할 것이며 또 새 영을 너희 속에 두고 새 마음을 너희에게 주되 너희 육신에서 굳은 마음을 제하고 부드러운 마음을 줄 것이며 또 내 신을 너희 속에 두어 너희로 내 율례를 행하게 하리니 너희가 내 규례를 지켜 행할찌라 내가 너희 열조에게 준 땅에 너희가 거하여 내 백성이 되고 나는 너희 하나님이 되리라

마음과 귀가 그리스도의 할례를 받게 되면
선한 양심이 살아 하나님을 향하여 찾아갈 수가 있다.
하나님의 생명으로 태어나서
장성한 자가 되려면
약속하신 성령을 받을 때까지
구하고 기다려야 한다.
안팎으로 성령의 도우심을 받아야 하기 때문이다.

세례는 전심으로 하나님을 향하여 돌아오는 사람에게
하나님을 사랑할 수 있는 마음과 길을 주시는 거라네.

> 깨달은 말씀을 기록해 봅시다.

행2:38 회개 곧 하나님께 돌아가는 일.

벧전3:21

욜2:21-24

골2:11-12

렘4:3-4

벧전3:15-16

시19:14 마음의 묵상

♥요3:36

아들을 믿는 자는 영생이 있고 아들을 순종치 아니하는 자는 영생을 보지 못하고 도리어 하나님의 진노가 그 위에 머물러 있느니라

순종이 믿음이라 성령의 거룩하게 하심으로 순종하여

왈!왈!
순종이 집 잘 지키고 있었니?
왈! 왈!
자 이거 먹어라
얘는 나만 보면 밥을 주나 안주나
계속 꼬리를 흔드는구나!

믿음이 뭘까? 무엇을 믿는다는 걸까?

음... 주님을 내가 믿는데 구체적으로 무엇을... ?

믿음에도 향방이 있다.

아! 그래, 약속한 것을 믿는 것이다.

약속을 알고 있어야 믿음이지!

깨달은 말씀을 기록해 봅시다.

히8:10-13 새 언약으로 시작

롬10:6-17

벧전1:2

요4:23-25

눅13:26-35

요일5:11-12

신30:6

롬2:29

♥**요4:23-24**

아버지께 참으로 예배하는 자들은 신령과 진정으로 예배할 때가 오나니 곧 이때라 아버지께서는 이렇게 자기에게 예배하는 자들을 찾으시느니라 하나님은 영이시니 예배하는 자가 신령과 진정으로 예배할찌니라

히5:11-14

멜기세덱에 관하여는 우리가 할 말이 많으나 너희의 듣는 것이 둔하므로 해석하기 어려우니라 때가 오래므로 너희가 마땅히 선생이 될 터인데 너희가 다시 하나님의 말씀의 초보가 무엇인지 누구에게 가르침을 받아야 할 것이니 젖이나 먹고 단단한 식물을 못 먹을 자가 되었도다
대저 젖을 먹는 자마다 어린 아이니 의의 말씀을 경험하지 못한 자요 단단한 식물은 장성한 자의 것이니 저희는 지각을 사용하므로 연단을 받아 선악을 분변하는 자들이니라

아하! 장성한 자 되어 하나님을 알고 그 뜻을 따르는 삶을 살게 되는구나.

> 깨달은 말씀을 기록해 봅시다.

벧전1:22-25

렘4:3-4

욜2:12-13

욜2:23-27

겔36:25-28

신30:6-15

막16:15-16

요3:5

딛3:5

갈4:19

고후4:4,7

골1:26-28

엡4:23-24

엡1:17-23

엡1:7, 13

♥요4:34

　예수께서 이르시되 나의 양식은 나를 보내신 이의 뜻을 행하며 그의 일을 온전히 이루는 이것이니라

성령 세례 받고 메시아 곧 그리스도 만나니 영의 양식을 먹고

영의 양식을 먹는다?
우리가 성경의 문자적 말씀을
읽고 묵상하고 더구나 외우기까지 한다고
영의 양식을 먹었다고 할 수 있을까?
물론 이 과정이 불필요하다는 것은 아니지만
그러나 거기에 오랫동안 머물러 있다면
문제 속에 허덕이게 될게 뻔하다.

그리스도 주를 만나는 곳으로 인도받지 못한다면 말이다.

약속하신 성령을 구하고
간절히 찾는 자에게 나타나신다.
주님이 오셔서 들려주시는 말씀이
우리를 살리는 진정한 의미의 영의 양식이다.

아무리 말해도 못 알아듣는 것은
내 생각과 세상 지혜 지식을 다 버리지 못했기 때문이다.
천국과 예수 그리스도의 이름을 받는
이 길을 계속 가려면
누구든지 제자가 되어야 한다.

다 버려야 제자가 될 수 있다네^^

> 깨달은 말씀을 기록해 봅시다. ✍

요4:4-26 내가 반드시 만나야 할 분은 그리스도 주!

히9:14-15
하물며 영원하신 성령으로 말미암아 흠 없는 자기를 하나님께 드린 그리스도의 피가 어찌 너희 양심으로 죽은 행실에서 깨끗하게 하고 살아계신 하나님을 섬기게 못하겠느뇨 이를 인하여 그는 새 언약의 중보니 이는 첫 언약 때에 범한 죄를 속하려고 죽으사 부르심을 입은 자로 하여금 영원한 기업의 약속을 얻게 하려 하심이니라

히10:9-10

그 후에 말씀하시기를 보시옵소서 내가 하나님의 뜻을 행하러 왔나이다 하셨으니 그 첫 것을 폐하심은 둘째 것을 세우려 하심이니라 이 뜻을 좇아 예수 그리스도의 몸을 단번에 드리심으로 말미암아 우리가 거룩함을 얻었노라

고전10:16-17

우리가 축복하는바 축복의 잔은 그리스도의 피에 참예함이 아니며 우리가 떼는 떡은 그리스도의 몸에 참예함이 아니냐 떡이 하나요 많은 우리가 한 몸이니 이는 우리가 다 한 떡에 참예함이라

고전11:24-25

축사하시고 떼어 가라사대 이것은 너희를 위하는 내 몸이니 이것을 행하여 나를 기념하라 하시고 식후에 또한 이와 같이 잔을 가지시고 가라사대 이 잔은 내 피로 세운 새 언약이니 이것을 행하여 마실 때마다 나를 기념하라 하셨으니

눅22:19-20

또 떡을 가져 사례하시고 떼어 저희에게 주시며 가라사대 이것은 너희를 위하여 주는 내 몸이라 너희가 이를 행하여 나를 기념하라 하시고 저녁 먹은 후에 잔도 이와 같이 하여 가라사대 이 잔은 내 피로 세

우는 새 언약이니 곧 너희를 위하여 붓는 것이라

아하! 성만찬의 깊은 뜻은 우리를 그리스도의 은혜로 부르시고 경건의 훈련을 거쳐 택하여 새 언약의 중보자 주님의 은혜로 성령으로 거듭나(갈4:26; 요3:5) 예수님처럼 벧전1:15-16 거룩한 성전이 되고 예수님의 형제(히2:11-12)가 되어 살라는 것이구나. 이것을 항상 기념(기억)하라!

마9:35

골4:3

마11:1

막1:38-39

눅4:44

눅11:32

행5:42

출17:6

고전10:4

롬10:4

고후1:20-22

요일5:11-12

고후2:14

행8:12

고전1:21

고전2:4

딤후4:5,17

딛1:3

고전9:16

갈1:6

히2:11-12

엡1:22-23

♥요5:5-9,14

거기 삼십 팔년 된 병자가 있더라 예수께서 그 누운 것을 보시고 병이 벌써 오랜줄 아시고 이르시되 네가 낫고자 하느냐 병자가 대답하되 주여 물이 동할 때에 나를 못에 넣어 줄 사람이 없어 내가 가는 동안에 다른 사람이 먼저 내려가나이다 예수께서 가라사대 일어나 네 자리를 들고 걸어가라 하시니 그 사람이 곧 나아서 자리를 들고 걸어가니라 그 후에 예수께서 성전에서 그 사람을 만나 이르시되 보라 네가 나았으니 더 심한 것이 생기지 않게 다시는 죄를 범치 말라 하시니

38년 된 병자 한 사람을 치료하시고 나서

누구든지 기탄없이 대답해 보자.
가령 병 고침을 받았다고
부활 생명까지 얻었다고 말할 수 있을까?

이 말을 하는 이유는
함정에 빠지지 않게 하기 위함이다.
짐작이라도 해보자. 좀 더 세심해지지 않으면 안 된다.

병 고침이 목적이 되어서는 안 된다는 뜻이다.
다른 예수, 다른 복음, 다른 영들도
이와 같은 이적과 기적을 행하므로 우리는 쉽게 속는다.
당하는 지도 모르는 가운데 있는 경우가 허다하다.

결론적으로 말씀이신 주님께서
내 안에 계신 것을 믿는 것이다.
오직 주님만이 나의 목적이 되어야 한다.
마귀가 주는 병? 주님만 내 안에 오시면 게임은 끝이 난다.
주님께서 말씀하시는 것을 들을 줄 알면 된다는 말이다.
내 안에 계신 주님을 믿지도 듣지도 못한다면
길을 잘못 가고 있는 것이니 되돌아와야 한다.

믿는 목적이 병 고치려고, 사업 잘 되게 해달라고,
좋은 학교 가려고... 세상 것에 있다면
하나님은 그 곳에 안계시네. 이런...쯧쯧

> 말씀을 사모하는 자는 항상 주님께 묻고 답을 주실 때까지 기다립니다. 바로 답을 주시기도 하지만 오랜 세월 후에 알려주시는 경우도 있습니다. ✎

히9:14,22 허탄한 교훈으로 시간 낭비말고 생명이 있는 그리스도 안으로 들어가라!

히10:9-22
요일5:11-15
롬4:17
눅1:37
마8:16
고후11:4
행3:6
고후13:5

♥ 요5:19-21

그러므로 예수께서 저희에게 이르시되 내가 진실로 진실로 너희에게 이르노니 아들이 아버지의 하시는 일을 보지 않고는 아무 것도 스스로 할 수 없나니 아버지께서 행하시는 그것을 아들도 그와 같이 행하느니라
아버지께서 아들을 사랑하사 자기의 행하시는 것을 다 아들에게 보이시고 또 그보다 더 큰 일을 보이사 너희로 기이히 여기게 하시리라
아버지께서 죽은 자들을 일으켜 살리심 같이 아들도 자기의 원하는 자들을 살리느니라

나는 스스로 아무것도 할 수 없다고 하시며
깊은 기도하시는 주님을 본 받아

내가 성령을 구하는 기도를 쉬지 않고 해야 하는 것은 주님께서 일하시게 하기 위함이다. 내가 하는 것은 받지 않으신다는 것을 기억해야 한다. 거기에는 주님께서 나타나실 이유가 없어지는 것이다. 주님만이 선한 길로 생명과 복이 있는 길로 인도하신다.

이를 세상에 속한 사람은 이해하지 못한다. 그들에게 있는 계산기로는 손해 보는 일로 여겨지거나 기이한 일이 될 것이기 때문이다.

> 주님은 언제 나타나실까요?
> 깨달은 말씀을 기록해 봅시다.

살전5:17 성령으로 주께서 내게 이르신 말에 순종한다.

마7:7-8

막9:29

빌2:4

요13:34-35

요14:12-26

시32:5-6

느9:2-7

요17:11, 26

말2:15

말3:16

말4:2

요일2:27

요16:13

♥요5:38

   그 말씀이 너희 속에 거하지 아니하니
   이는 그의 보내신 자를 믿지 아니함이니라

믿음은 마음속에 그리스도의 말씀이 충만한 것이다.

아버지께서 보내신 아들,

그리스도의 말씀이 우리 속에 없다면
믿음이 도저히 생길 수 없다는 말이로군.

여기 한 그릇의 밥이 있다.

말씀 한 절이 밥알 한 개 라면
이것이 한 그릇은 되어야 먹었다고 할 수 있다.
그리고 반찬이 되는 말씀이 있어야 한다.
그래야 구워먹든 비벼먹든 영양을 섭취할 수가 있다.
만약 양푼에 비빔밥을 만들어 먹는다면
영혼 살리는 맛을 낼 수 있는
오늘 깨달은 말씀을 받아야 하는 것이다.
이것이 오늘 나를 살리는 양식이 된다.

한 개의 밥알, 반찬, 비빔밥 다 의미가 있어 보이네.
이렇게 보니 알 것도 같은데 ^^

주의 말씀을 들을 수 있게 되었다면
살았네! 살았어!

> 깨달은 말씀을 기록해 봅시다.

롬10:17 완전한 자는 그리스도의 말씀을 듣는다.

골3:16
요14:26
요10:7,26
시119:50
시107:20

♥요6:5-15
예수께서 눈을 들어 큰 무리가 자기에게로 오는 것을 보시고 빌립에게 이르시되 우리가 어디서 떡을 사서 이 사람들로 먹게 하겠느냐 하시니 이렇게 말씀하심은 친히 어떻게 하실 것을 아시고 빌립을 시험코자 하심이라 빌립이 대답하되 각 사람으로 조금씩 받게 할찌라도 이백 데나리온의 떡이 부족하리이다
제자 중 하나 곧 시몬 베드로의 형제 안드레가 예수께 여짜오되 여기 한 아이가 있어 보리떡 다섯 개와 물고기 두 마리를 가졌나이다 그러나 그것이 이 많은 사람에게 얼마나 되겠삽나이까 예수께서 가라사대 이 사람들로 앉게 하라 하신대 그 곳에 잔디가 많은지라 사람들이 앉으니 수효가 오천쯤 되더라
예수께서 떡을 가져 축사하신 후에 앉은 자들에게 나눠 주시고 고기도 그렇게 저희의 원대로 주시다 저희가 배부른 후에 예수께서 제자들에게 이르시되 남은 조각을 거두고 버리는 것이 없게 하라 하시므로 이에 거두니 보리떡 다섯 개로 먹고 남은 조각이 열 두 바구니에 찼더라
그 사람들이 예수의 행하신 이 표적을 보고 말하되 이는 참으로 세상

에 오실 그 선지자라 하더라 그러므로 예수께서 저희가 와서 자기를 억지로 잡아 임금 삼으려는 줄을 아시고 다시 혼자 산으로 떠나 가시니라

오천 명을 먹이신 주님이 너도 나처럼 할 수 있다고 하시니

표적을 따라 믿으면 다른 길로 가게 되어있구나…아무리 말해줘도 보이는 것을 위한 도구로만 삼았구나. 이 세상의 것을 말씀하시는 것이 아닌데 내 영혼을 살려 주실 주님을 말이다. 내 마음, 내 생각을 버리고 믿고 돌아오기만 하면 롬3:27 완전한 자가 되게 하신다. 골1:26-28.

깨달은 말씀을 기록해 봅시다.

요6:53-69 참된 양식은 기록된 글을 통해서가 아니라 내 안에 계신 주님을 보고 믿고 듣고 믿으며 자라나는 생명의 말씀이다.

요6:40

요10:27

마13:16

♥**요6:29**

예수께서 대답하여 가라사대 하나님의 보내신 자를 믿는 것이 하나님의 일이니라 하시니

하나님의 일은 보고 듣고 사는 것

내 안에 계신 주님의 살(그리스도의 말씀)을 먹고
그 피(새 언약)를 먹고 사는 것이 우리가 할 일이다.

깨달은 말씀을 기록해 봅시다.

계22:12,17-21 이와 같이 똑같이 하라.

요6:27-29

요6:33-40

요6:53-58

요6:63-68

롬10:4-17

창2:7-17

고전11:24-25

눅22:19-20

마26:26-28

유1:20

고후13:5

엡3:17-19

마6:33-34

눅17:21

롬14:17-18

마12:28

마7:7-11

눅11:9-13

고전10:4

마7:21-24

고전10:14-17

막4:26-32

마5:44-45

♥요7:37-38

명절 끝날 곧 큰 날에 예수께서 시시 외쳐 가리사대 누구든지 목마르거든 내게로 와서 마시라 나를 믿는 자는 성경에 이름과 같이 그 배에서 생수의 강이 흘러나리라 하시니

쉬지 않고 기도로 그리스도의 말씀 먹고 사는 자 성령 받고

생수는 성령, 내 안에 성령이 오시면
다 이루어지는 건데 나는 지금껏 무엇을 구했던가?
성령의 전을 내 눈에 보이는 것들로 채웠구나.
방언하면 성령 받은 것으로
진리에 대해 알지 못하면서 아는 것으로

말씀 하나라도 깨닫고 받아들여 지키지도 못하면서

세상 일 잘 되면 내가 잘 믿는 결과로구나 생각하면서 말이다.

성령을 구하는 기도는
생명의 성령의 법이 내 안에서 역사하므로 마귀는 떠나게 되지.
성령의 사람은 하늘의 것을 구하게 되어있다네.
드디어 볼 수 있게 되지. 그것이 얼마나 좋은 것인가는
받아 본 사람만 안다네. 허허-

> 깨달은 말씀을 기록해 봅시다. ✍

약5:7 성령이 이른 비와 같이 주님이 내 안에 오시도록 도와주시고
잘 자라도록 열매 맺기까지 늦은 비로 도우신다!

욜2:12-13
욜2:23
호6:1-8
요4:14
약5:12-20

♥**요8:37**

나도 너희가 아브라함의 자손인줄 아노라
　　그러나 내 말이 너희 속에 있을 곳이 없으므로 나를 죽이려 하는도다

그리스도의 말씀을 많이 먹고 마시면 롬6:3-4 함께 죽고 함께
살아나 주 안에 살리라

아브라함의 자손도
그리스도의 말씀이 있을 곳이 없다면
이방인인 나는 더욱 그러할 것인데…

이방인인 나의 모습.

성도인 나는 교회는 수년간 다녀도
말씀 한번 내가 스스로 읽어 본적 없고 관심도 없다.
오직 육으로 잘 되고 잘 먹고 살면 그만!

말씀 좀 안다는 나는
뒤죽박죽 천지 구분을 못하면서
말은 청산유수다.

심지어 목사인 나는
동료 목사와 말씀 나누는 것을 싫어한다.

왜? 나도 목사가 되었으니까
가장 내가 쉽게 깨달을 수 있는 한국어로 된 성경도
제대로 알기도 전에 히브리어 헬라어로 세월 보낸다.
한국어로도 못 깨달으면
소용없다는 것을 모르는 것처럼 말이다.
말씀을 세세히 아는 사람 만나면
오히려 조심하라고 하며 자신은 물론
남도 못 들어가게 하면서 적으로 삼는다.

적어도 유대인들은 모든 성경에서 이르는
약속과 말씀을 알고 있다. 그럼에도 불구하고
예수가 그리스도인 것을 보지 못했다.

육적으로도 이방인인 나는
돌아오라는 말을 오히려 욕으로 여기고
그들 보다 더욱 주님을 죽이려 하고 있을 것인데…

욥이 깨달았듯이 자기 스스로 이치를 가리고 있다는 것을
거기에 있지 말고 돌아오라는 사랑의 말인 것을…

> 잘 되고 좋은 것만 내 것이라 해왔다면 성경을 거꾸로 본 것입니다. 깨달은 말씀을 기록해 봅시다. ✍

고전11:23-25   새 언약은 그리스도 안에 들어가는 것.

마3:11

골2:11-12

갈2:20

렘6:10

♥요8:7-11

저희가 묻기를 마지 아니하는지라 이에 일어나 가라사대 너희 중에 죄 없는 자가 먼저 돌로 치라 하시고 다시 몸을 굽히사 손가락으로 땅에 쓰시니 저희가 이 말씀을 듣고 양심의 가책을 받아 어른으로 시작하여 젊은이까지 하나씩 하나씩 나가고 오직 예수와 그 가운데 섰는 여자만 남았더라 예수께서 일어나사 여자 외에 아무도 없는 것을 보시고 이르시되 여자여 너를 고소하던 그들이 이디 있느냐 너를 정죄한 자가 없느냐 대답하되 주여 없나이다 예수께서 가라사대 나도 너를 정죄하지 아니하노니 가서 다시는 죄를 범치 말라 하시니라

예수님도 간음한 여자를 주님 대하듯 하고
"다시는 죄를 범치 말라" 하시니

〈해외선교여행, 차 안에서…〉

"시끌벅적! 까르르-호호호"

"주여 … 아버지 …"

"사모님은 여기 세 번째 오신다구요?"
"저는 이 나라가 마음에 들어요.
여기 저기 구경꺼리도 많고
몇 달 후에 다른 나라 선교여행도 잡혀있는데
함께 가실래요?"
"그 글쎄…, 그럴까요?^^; 전 처음이라"
"아오! 그런데 에어컨 켰는데도 많이 덥네!"
"어! 때마침 앞에서 얼음물 나눠 주네요-"
"여기 여기도요!"
"자-아 그쪽 뒤에는 좀 받으세요!" 휙-릭
"자-맨 뒤도!" ('주무시나? 에이 모르겠다!')
"자 던져요" 휘-익 ('어? 아-차!')
"웅성웅성"

휙---------퍽! "어이쿠!
박 목사! 너 여기 뭐 하러왔어?
정신 똑 바로차려! 하고 주님이 치시네!"

갑자기 조용-------------------------------

"어휴- 뭐라고 혼내실 줄 알았더니
이마가 통통 부어올랐는데...
나라면 버럭 화라도 낼 일인데,
어우! 근데??? (마10:19-20)
갸우뚱, 뭔가 좀 이상해...누구지?"

마음에 새겨진 믿음의 말씀은
생각하고 있다가 나오는 말이 아니라
순간적으로 성령님이 내 입을 들어 쓰시니.^^
누구도 정죄하지 않으면서
깨달음에 이르게 한단 말이네.

> 구원에 이르게 하는 말이 있습니다. 부드러운 말, 듣기 좋은 말인가요? 깨달은 말씀을 기록해 봅시다. 🖋

롬10:4-10 새 생명 얻은 자가 주님의 음성이 곧 내 마음이 된 것을
  시인하여 듣는 사람들로 구원에 이르는 말과 행동

히8:10-13
마10:19-20
요16:13

♥요8:29

> 나를 보내신 이가 나와 함께 하시도다 내가 항상 그의 기뻐하시는 일을 행하므로 나를 혼자 두지 아니하셨느니라

돌아가서 하나님이 기뻐하시는 일만 하니
전능하신 하나님이 함께 하신다.

나는 선악을 판단한다? 노-노!
선악과를 먹은 내가 하는 생각일 뿐이다.

선(善)은 주님께서 나와 함께 하실 때만 가능하다.
왜냐하면 하나님만이 선하시기 때문이다.

여러분들-!
그리스도를 섬기는 가장 쉬운 방법을
내가 어렵게 알아냈는데
알고 보니 너무나 쉬운 것이었소.
들어보겠소? 너무 쉬워서.

사소한 것, 작은 것부터 묻는 것이요!
그래야 책망 받을 일을 피할 수 있고
모든 일에 세 번 정도는 하나님께 의뢰하고 행한다면

당신은 분명히, 단연코, 확실히
하나님의 기뻐하시는 자가 될 것이요!
혼자 중얼거리게 되는 일이 많게 되겠지만…

이왕 미치는 거 하나님께 미치면 좋은데…

나는 죽고 영이 사는 것이 하나님이 기뻐하시는 일.
보고 요6:40 듣고 요10:27 사는 삶이다.

> 깨달은 말씀을 기록해 봅시다.

롬14:18 그리스도와 함께 죽고 함께 살아난 자 계명을 지키는 믿음의 삶을 살 때 하나님이 기뻐하시고 함께 하신다.

요8:29
잠3:3-5
잠16:6-7

호12:6
그런즉 너의 하나님께 돌아와서 인애와 공의를 지키며 항상 너의 하나님을 바라볼찌니라

마23:37

예루살렘아 예루살렘아 선지자들을 죽이고 네게 파송된 자들을 돌로 치는 자여 암탉이 그 새끼를 날개 아래 모음 같이 내가 네 자녀를 모으려 한 일이 몇번이냐 그러나 너희가 원치 아니하였도다

아하! 하나님께 돌아가 살기를 그렇게도 싫어하는구나.

전9:3

마13:16

〈캄보디아행 비행기 안〉

형제, 우리를 마중 나오기로 했던 사람이 못 나온다고 하네.

"네? 새벽1시 도착인데 우린 어떻게 하라고?"
"이제 어쩌면 좋죠?"

"주님, 왜 이 일을 허락하셨습니까 … 주여 중얼중얼…"
"그 형제를 불쌍히 여겨 주소서."

"목사님은 계속 기도만 하시네."

"괜찮을까? 이러다 국제 미아 되는거?...동동동
…아냐 주님-(나도 기도)"

아-아 드디어 착륙---

"목사님! 저기 저 청년들 한국 사람들 같아요"
"단체로 선교 온 거 같은데요"

"잠깐만 기다려보게 … 어 저 사람이로군."

(다음날)
"와- 누가 믿겠어요! 그 사람이 우리를 도와 호텔과 아침식사,
여기까지 올 수 있도록 택시까지 아무런 불편함이 없었어요."
"대체 어떻게 된 거죠? 목사님-!"

"나도 그 사람이 우리를 도울 사람이라고 도저히 생각되진
않았지만 주님께서 하라는 대로만 한 거라네." ^^;
저 사람에게 가서 말하라 하시니 별수 있나.
그대로 가서 말하니 캄보디아에 처음 온 여행자라고 하더군.
그런데 그 사람을 마중 나온 사람이
이곳에 장로 선교사라고 하지 않던가!

> 문제가 생겼을 때 당신은 어떻게 합니까? 깨달은 말씀을 기록해 봅시다. ✎

민6:22-27 주님의 얼굴로 네게 비춰사 은혜 안에 살아라.
고후3:1-18
갈4:19
요16:20-24
고후4:3-7

♥요9:40

　　바리새인 중에 예수와 함께 있던 자들이 이 말씀을 듣고 가로되
　　우리도 소경인가

아직 나는 영적 소경임을 깨닫고

하나님께서 천지를 창조하셨는데…
여기까지는 모르는 사람이 없을 터

그런데 같은 내용의 말을 바꿔 말하면 …
창조한 것 중에 10%도 안 되는 보이는 것들과
90%가 넘는 보이지 않는 것들을 창조했다고 하면
동의 할 수 없다고 한다.

이유를 달리 말할 길이 없다... 영적 소경이기 때문이다.

보이지 않는 세계를 보게 해주려고 우리 주님이 오셨건만
이것 참!!

> 당신은 하나님 나라의 백성입니까? 이 세상의 백성입니까?
> 깨달은 말씀을 기록해 봅시다. ✍

막4:10-12
하나님 나라의 비밀을 제자들에게만 보여주시고 들려주신 주님.

신30:6
겔36:25-28
마13:11-15
요18:36-38
렘31:31-34
히8:6-12

♥요10:10
　도적이 오는 것은 도적질하고 죽이고 멸망시키려는 것뿐이요 내가
　온 것은 양으로 생명을 얻게 하고 더 풍성히 얻게 하려는 것이라

마귀의 올무에서 벗어나 생명을 더 풍성히 얻는데 목표를 두고

먼저 되어야 할 것은 생명을 얻는 것!
자유하지 못한 자여 기뻐하라! 당신이 이 말이 무슨 의미인지 알게 된다면 부, 명예, 병마, 지식...온갖 세상 것 즉, 마귀의 올무로부터 자유하게 될 것이다.

계속 구하고 찾고 두드리는 삶으로 마7:7-8 장성한 자가 되어간다. 히5:14

생명을 얻은 자에게 복은 따라 온다네!

> 그리스도 안에서 보고 들은 내용이 아닌 것은 무엇일까요?
> 깨달은 말씀을 기록해 봅시다.

요6:40 아들을 보고 믿는 것이 아버지의 뜻이다.

요10:27

♥**요11:4,14-15,17,25-26,40-44**
예수께서 들으시고 가라사대 이 병은 죽을 병이 아니라 하나님의 영광을 위함이요 하나님의 아들로 이를 인하여 영광을 얻게 하려함이

라 하시더라

이에 예수께서 밝히 이르시되 나사로가 죽었느니라 내가 거기 있지 아니한 것을 너희를 위하여 기뻐하노니 이는 너희로 믿게 하려함이라 그러나 그에게로 가자 하신대

예수께서 와서 보시니 나사로가 무덤에 있은지 이미 나흘이라 예수께서 가라사대 나는 부활이요 생명이니 나를 믿는 자는 죽어도 살겠고 무릇 살아서 나를 믿는 자는 영원히 죽지 아니하리니 이것을 네가 믿느냐 예수께서 가라사대 내 말이 네가 믿으면 하나님의 영광을 보리라 하지 아니하였느냐 하신대 돌을 옮겨 놓으니 예수께서 눈을 들어 우러러 보시고 가라사대 아버지여 내 말을 들으신 것을 감사하나이다

항상 내 말을 들으시는 줄을 내가 알았나이다 그러나 이 말씀 하옵는 것은 둘러선 무리를 위함이니 곧 아버지께서 나를 보내신 것을 저희로 믿게 하려 함이니이다 이 말씀을 하시고 큰 소리로 나사로야 나오라 부르시니 죽은 자가 수족을 베로 동인채로 나오는데 그 얼굴은 수건에 싸였더라 예수께서 가라사대 풀어 놓아 다니게 하라 하시니라

생명을 더 풍성히 얻고 나니
나도 죽은 자를 살리는 기적의 응답으로
하나님께 영광 돌리리라. 아멘.

그리스도 안에 있는 생명을 가진 사람이
주님께 받은 성령의 법으로
죽은 자를 살리는 일을 할 수 있다.
영혼을 살리는 일. 이때부터 할 수가 있구나.

내 안에 성령이 항상 운동하게끔
쉬지 말고 성령을 구해야 한다.

왜 성령의 법이 내 안에 이루어져야 하냐면
하나님의 생명 안에서
온전히 살 수 있게 도와주기 때문이네.

겔36:22-28; 창12장-18장까지의 믿음이 없던 아브라함과 사라도 19장-20장의 마음의 할례를 받고 나니(신30:6) 하나님 아버지께서 그리스도 아들을 나를 대신하여 죽으심을 마음으로 바라보게 하시니 창22:1-14 이삭을 제물로 드리는 믿음으로 바뀌게 되는 것이다. 마음의 할례는 이렇듯 우리 굳은 마음을 부드럽게 바꾸어 주시는 세례이다.

> 깨달은 말씀을 기록해 봅시다.

겔36:25-28

신30:6-14

렘31:31-34

롬8:13-15

롬10:4-10

욜2:12-13

욜2:23

골2:11-12

♥ 요12:2-8

거기서 예수를 위하여 잔치할쌔 마르다는 일을 보고 나사로는 예수와 함께 앉은자 중에 있더라 마리아는 지극히 비싼 향유 곧 순전한 나드 한 근을 가져다가 예수의 발에 붓고 자기 머리털로 그의 발을 씻으니 향유 냄새가 집에 가득하더라
제자 중 하나로서 예수를 잡아 줄 가룟 유다가 말하되 이 향유를 어찌하여 삼백 데나리온에 팔아 가난한 자들에게 주지 아니하였느냐 하니 이렇게 말함은 가난한 자들을 생각함이 아니요 저는 도적이라 돈 궤를 맡고 거기 넣는 것을 훔쳐 감이러라 예수께서 가라사대 저를 가만 두어 나의 장사할 날을 위하여 이를 두게 하라 가난한 자들은 항상 너희와 함께 있거니와 나는 항상 있지 아니하리라 하시니라

마리아의 헌신을 보며
도적놈인 내가 마음의 찔림을 받는구나.

주님의 음성을 듣는 사람은
내 것이 없을 뿐 아니라
주님께 마음 목숨 드리는 일이
기쁘고 감사한대 반해

자기 욕심에 끌려 다른 영의 음성을 듣는 자는

자기한테 딱 맞는 곳으로 향하는데
돈 사랑, 자기 사랑, 세상을 사랑하는 곳으로
그 끝이 어디로 향해 있는 줄도 모르고...
고후11:13-15.

하나님이 인정하시는 의인은
자기를 신뢰하지 않는다.

세상 것 하나도 안 버리고
오직 땅의 것만 구하면서 하나님 믿는다고
하나님이 속을 거라고 생각하나?

마음으로 깨달아 골1:5-6; 행28:26; 롬2:29; 롬10:6-10의 삶
살기를 원합니다.

♥ 요12:24-25
  내가 진실로 진실로 너희에게 이르노니 한 알의 밀이 땅에 떨어져 죽지 아니하면 한 알 그대로 있고 죽으면 많은 열매를 맺느니라
  자기 생명을 사랑하는 자는 잃어버릴 것이요 이 세상에서 자기 생명을 미워하는 자는 영생하도록 보존하리라

죽어야 사는 비밀의 복음에 아멘하고
하나님께 마음 목숨 드리니

내 마음 내 생각이 날마다 죽지 않으면
생명을 얻을 수가 없구나!

아직도 세상에서 얻을게 남아 있다 생각하면
하나님께 돌아갈 수 없다네.

깨달은 말씀을 기록해 봅시다.

막12:27-31

잠8:17-21

막4:26-32

히5:11-14

요3:5

마13:16

♥ 요13:1

유월절 전에 예수께서 자기가 세상을 떠나 아버지께로 돌아가실 때가 이른 줄 아시고 세상에 있는 자기 사람들을 사랑하시되 끝까지 사랑하시니라

끝까지 나를 사랑하신 그 사랑을 힘입어 나아갈 때

♥ **요13:34-35**

> 새 계명을 너희에게 주노니 서로 사랑하라 내가 너희를 사랑한것 같이 너희도 서로 사랑하라 너희가 서로 사랑하면 이로써 모든 사람이 너희가 내 제자인줄 알리라

새 계명을 선물 받고 서로 사랑하며 살아갈 때
세상 끝날까지 나와 함께 하시리라는 큰 믿음의 자녀라

나는 도저히 할 수 없다.
나를 망하게 한 저들을
내 자식을 죽인 놈을 어떻게…
나를 버린 남편만은 용서 할 수 없어요.
저들만 아니었다면 내가 이 고통 속에 있지 않았을 거에요.
그런데 어떻게 사랑할 수 있겠어요.

도저히 저는 할 수 없나이다.
사랑할 수 없는 상황 속에서 사랑하라니요?

그러나 주님 저를 도우소서.
사랑할 수 있게 도우소서.
… …

아... 이제야 이해할 수 있습니다.
제게 생수를 부어주시고
저의 굳은 마음을 제하시고 깨닫게 하여
새 계명(주님의 마음)으로 사랑하게 해주셨습니다.
주의 계명의 길로 이끌어 주신 은혜 감사합니다.

생수는 바로 성령이야.
왜 사람에게 가장 좋은 것이라고 했는지
조금이라도 이해가 되면 좋으련만

> 성령을 왜 가장 좋은 것이라고 했을까요? 얼마나 좋은 것일까요?
> 깨달은 말씀을 기록해 봅시다.

겔36:25-28

렘31:31-34

히8:10

롬8:2

신30:6

골2:11-12

♥**요14:12**
　내가 진실로 진실로 너희에게 이르노니 나를 믿는 자는 나의 하는 일

을 저도 할 것이요 또한 이보다 큰 것도 하리니 이는 내가 아버지께로 감이니라

내가 가서 요16:7 보혜사 성령을 보내어 요16:13 모든 진리 가운데로 인도하여 골1:28 완전한 자의 삶을 살게 하리라.

완전한 자는 보고 듣고 사는 것이다.
요6:40; 요10:27 이렇게 되면 점점 자라서
히5:14 예수님처럼 선악을 분변할 수 있게 되고 선을 행할 수 있다.

> 아담과 하와가 나와 다른가요?
> 깨달은 말씀이나 내용을 기록해 봅시다.

요14:16-17

요16:7

요3:5

눅24:46-47

벧전1:3

요14:26

요15:26

요16:13

♥요14:15, 21

너희가 나를 사랑하면 나의 계명을 지키리라 나의 계명을 가지고 지키는 자라야 나를 사랑하는 자니 나를 사랑하는 자는 내 아버지께 사랑을 받을 것이요 나도 그를 사랑하여 그에게 나를 나타내리라

믿음은 계명을 지키는 것이다.(계명이 믿음이요 사랑이라)

계명을 지키는 것에도 하나님의 방법이 있었구나! 하나님은 하나님의 것으로만 지킬 수 있게 해놓으셨다. 모든 것은 성령이 내게 오셨을 때 알게 되어있다. 하나님을 사랑하는 것도, 계명을 지킬 수 있는 것도 나의 것으로는 도저히 할 수 없는 거였어. 사랑할 수 있는 마음을 받아야만 한다. 예수님은 바로 이 모든 것이 가능해 질 수 있도록 우리에게 성령세례를 주러 오신거라구!

성령세례를 받아 새 생명(하나님의 씨)으로 태어나 예수님께서 아버지를 머리로 하셨듯이 우리는 그리스도를 머리로 하고 그 안에서 보고 듣고 사니 신30:6 계명을 지키고 살게 된다.

다른 말로 하면 기름부음을 받는 거라네-
이때가 되면 성경에 이르는 모든 것을 주님께서 직접 가르쳐주시지. 말씀하신 그대로 주 안에 거하면 되는 거야.

> 성령을 받은 자가 복술자, 길흉을 말하는 자와 다른 점은 무엇인가요? 깨달은 말씀이나 내용을 기록해 봅시다.

요14:26
보혜사 곧 아버지께서 내 이름으로 보내실 성령 그가 너희에게 모든 것을 가르치시고 내가 너희에게 말한 모든 것을 생각나게 하시리라

아브라함과 이삭과 야곱에게 약속하신 비밀을 알아야하는구나.

막12:26-31

신30:6-14

마7:21-24

골1-26-28

고후13:5

히4:12

마13:16

요6:40

요10:27

계3:20

행16:14

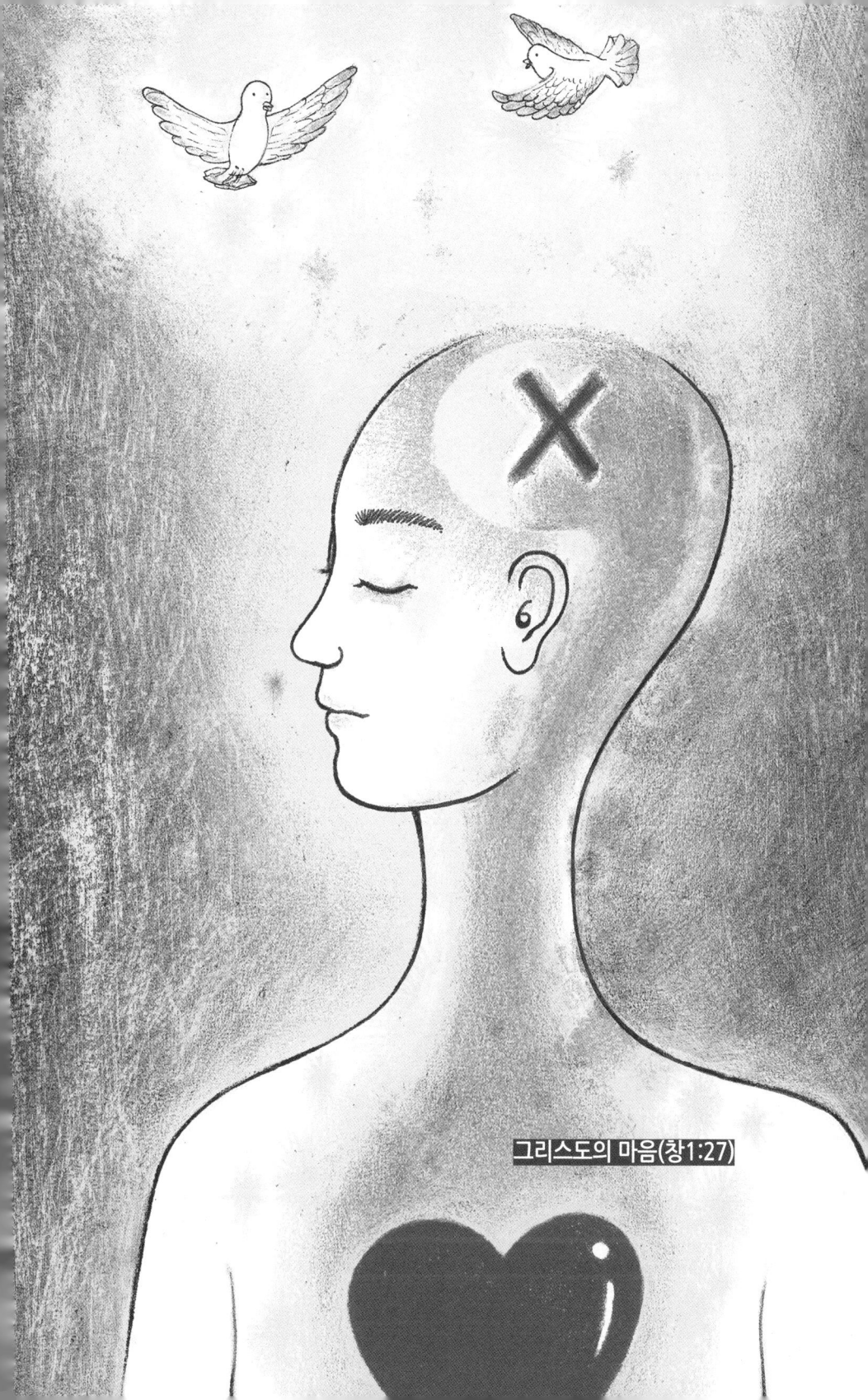

♥요14:26

보혜사 곧 아버지께서 내 이름으로 보내실 성령 그가 너희에게 모든 것을 가르치시고 내가 너희에게 말한 모든 것을 생각나게 하시리라

성령을 선물 받은 자의 삶은 어떨 것 같나?

성령께서 가르치시고 깨닫게 하시고 복음을 생각나게 하시고 우리를 주님의 말씀, 진리 안으로 이끌어서 태초에 하나님의 창조의 뜻대로 만물을 다스리고 정복하는 삶을 살게 하신다. 창1:26-28.

깨달은 말씀을 기록해 봅시다.

요14:16-17

요15:26

요16:7

요16:13

요일2:27

엡1:17-23

요20:22

♥ 요15:1-16

내가 참 포도나무요 내 아버지는 그 농부라 무릇 내게 있어 과실을

맺지 아니하는 가지는 아버지께서 이를 제해 버리시고 무릇 과실을 맺는 가지는 더 과실을 맺게 하려하여 이를 깨끗케 하시느니라

너희는 내가 일러준 말로 이미 깨끗하였으니 내 안에 거하라 나도 너희 안에 거하리라 가지가 포도나무에 붙어 있지 아니하면 절로 과실을 맺을 수 없음 같이 너희도 내 안에 있지 아니하면 그러하리라

나는 포도나무요 너희는 가지니 저가 내 안에, 내가 저 안에 있으면 이 사람은 과실을 많이 맺나니 나를 떠나서는 너희가 아무 것도 할 수 없음이라 사람이 내 안에 거하지 아니하면 가지처럼 밖에 버리워 말라지나니 사람들이 이것을 모아다가 불에 던져 사르느니라

너희가 내 안에 거하고 내 말이 너희 안에 거하면 무엇이든지 원하는 대로 구하라 그리하면 이루리라 너희가 과실을 많이 맺으면 내 아버지께서 영광을 받으실 것이요 너희가 내 제자가 되리라

아버지께서 나를 사랑하신 것 같이 나도 너희를 사랑하였으니 나의 사랑 안에 거하라 내가 아버지의 계명을 지켜 그의 사랑 안에 거하는 것 같이 너희도 내 계명을 지키면 내 사랑 안에 거하리라 내가 이것을 너희에게 이름은 내 기쁨이 너희 안에 있어 너희 기쁨을 충만하게 하려함이니라 내 계명은 곧 내가 너희를 사랑한 것 같이 너희도 서로 사랑하라 하는 이것이니라 사람이 친구를 위하여 자기 목숨을 버리면 이에서 더 큰 사랑이 없나니 너희가 나의 명하는 대로 행하면 곧 나의 친구라

이제부터는 너희를 종이라 하지 아니하리니 종은 주인의 하는 것을 알지 못함이라 너희를 친구라 하였노니 내가 내 아버지께 들은 것을 다 너희에게 알게 하였음이니라

너희가 나를 택한 것이 아니요 내가 너희를 택하여 세웠나니 이는 너희로 가서 과실을 맺게 하고 또 너희 과실이 항상 있게 하여 내 이름으로 아버지께 무엇을 구하든지 다 받게 하려 함이니라

항상 하나님 아버지께 부종하고 살다보면
하나님의 벗, 청함을 받고 사는 자 되리라.

기록된 말씀이 내 안에서 운행할 때
성령의 도우심을 통해서만
아버지의 말씀을 알아듣고 행할 수가 있다.

만약 말씀을 모른다면 성령의 이끄심인지
다른 영이 하는 것인지 분별하지 못하게 된다.
다시 말해 진리 안으로 들어가지 못하니
믿는다고 하나 열매 없는 곳으로만 다니게 된다.

말씀을 먹고 사는 자에게 성령이 일하시고 마음으로 생각만 해도
이루어지는 믿음의 최고 단계에 오르게 되지^^

> 주님과 친구 관계가 되기까지 어떤 과정을 거쳐야 할까요?
> 깨달은 말씀을 기록해 봅시다. ✍

사41:8-10
요일2:27
요14:26
요15:15

겔36:22-28

겔11:19-20

고전3:9

살전5:12-24 항상 기뻐하며 쉬지 않고 기도하고 살면 그리스도 예수 안에서 무슨 일을 만나든지 생명의 성령의 법 아래서 감사가 나온다.

엡3:14-20

고후13:5

고후3:1-18

♥요15:18-19

세상이 너희를 미워하면 너희보다 먼저 나를 미워한 줄을 알라 너희가 세상에 속하였으면 세상이 자기의 것을 사랑할 터이나 너희는 세상에 속한 자가 아니요 도리어 세상에서 나의 택함을 입은 자인고로 세상이 너희를 미워하느니라

핍박을 받아도 그 어디나 천국이다.

까닭 없이 핍박받을 것이라 미리 알려주시고
사랑의 열매로 이때를 이기게 하신 것은
하나님을 나타내는 삶을 살게 하기 위함이다.

억울하다는 생각이 들면서 다툼이 되는 순간, 아차!

어두움에 속하게 된 것임을 빨리 알아차리고
'악의 도구로 내가 사용되어서는 안 되지' 하고
빨리 주님께 손을 내밀어 도움을 구하여야 한다.

하나님은 이 세상에서 네가 얼마나 잘 먹고 잘 사느냐가 아니라
원수가 나타났을 순간이라도 나(하나님)를 나타내는 삶을 사는가
에 관심을 갖고 계시고 이것으로 내가 영광 받았다고 하신다.

하나님께로부터 지으심을 받은 자가 하나님을 알고 자랑할 때
가장 기뻐하신다네.^^

> 하나님을 자랑할 수 있나요? 어떻게 자랑하나요?
> 깨달은 말씀을 기록해 봅시다. ✍

요8:47

요일4:6

요15:26

슥12:10

갈6:14-15

요일2:3-6

마5:44-45 주님의 마음을 선물 받은 자

요14:26

요일2:27

창1:26-28 다스리고 정복하며 살게 된다.

고후2:14

♥ 요16:7-11,13
그러하나 내가 너희에게 실상을 말하노니 내가 떠나가는 것이 너희에게 유익이라 내가 떠나가지 아니하면 보혜사가 너희에게로 오시지 아니할 것이요 가면 내가 그를 너희에게로 보내리니
그가 와서 죄에 대하여, 의에 대하여, 심판에 대하여 세상을 책망하시리라
죄에 대하여라 함은 저희가 나를 믿지 아니함이요 의에 대하여라 함은 내가 아버지께로 가니 너희가 다시 나를 보지 못함이요
심판에 대하여라 함은 이 세상 임금이 심판을 받았음이니라 그러하나 진리의 성령이 오시면 그가 너희를 모든 진리 가운데로 인도하시리니 그가 자의로 말하지 않고 오직 듣는 것을 말하시며 장래 일을 너희에게 알리시리라

성령 안(주님께서 왕)에서 계속 기도하여
세상 임금(내가 왕) 원수 마귀를 물리치고

창세 전에 아들 그리스도를 보내서
성령세례를 베풀어 주실 것을 약속하셨다.
이것을 믿고 구하여 성령을 받으면
세상에 속한 내 마음, 내 생각은 죽어 없어지고

주님을 보고 듣고 사는 의가 이루어진다.

성령 안에서 회개한다는 것은
성령이 귀신을 쫓아내므로
하나님께로 돌아올 수가 있다는 것이다.
쉬지 말고 성령을 구하는 기도를
해야 하는 이유는 여기에 있다!

약속을 알지도 믿지도 못하는 곳으로
주님을 나타내지도 못하는 곳으로
세상 임금(마귀, 자신)에게 속아서 살다가
심판 받으면(믿었다고 하나 주님께서는
나는 네가 어디로부터 왔는지 도무지 모른다 한다면)
너무 비참하지 않는가?
이제라도 알았으니 천만다행이지 뭐야. ^^

> 하나님을 알게 된다는 것은 동시에 마귀의 실체도 알게 되는 것입니다. 깨달은 말씀을 기록해 봅시다. ✍

요17:3 성삼위를 알아야 천국 가는구나!
욥28:28
잠9:10

살전5:17

막9:29

단6:10

마6:11

롬10:17

시55:17

렘9:24

♥ 요17:3

영생은 곧 유일하신 참 하나님과 그의 보내신 자 예수 그리스도를 아는 것이니이다

여호와 이름을 위하여 우리를 구원하신다. 시23:3; 행4:12; 말2:2,4:2; 행10:43; 막16:17; 눅24:47; 슥14:8-9.

> 어떻게 하면 하나님을 마음에 둘 수 있습니까?
> 깨달은 말씀을 기록해 봅시다.

겔36:25-28

렘31:31-34

히8:10

엡4:24

엡1:17-23

잠9:10

렘32:39

렘24:7

시23:3

행4:12

말2:2

말4:2

막16:17

눅24:47

슥14:8-9

♥요18:37-38

빌라도가 가로되 그러면 네가 왕이 아니냐 예수께서 대답하시되 네 말과 같이 내가 왕이니라 내가 이를 위하여 났으며 이를 위하여 세상에 왔나니 곧 진리에 대하여 증거하려 함이로라 무릇 진리에 속한 자는 내 소리를 듣느니라 하신대 빌라도가 가로되 진리가 무엇이냐 하더라

빌라도는 진리를 몰라서 지옥에 가는구나.

예수님은 두 번째 언약을 이루기 위해 오셨다.
곧 원수 된 자리에 서 있는 나 같은 자에게

성령 세례를 베풀어 새 생명을 주시려고
지금 아버지께서 들려주시는 말씀대로 행하신다.

나는 솔직히 두 번째 약속에 대해
잘 알지 못하고 걸어왔다.
주님을 향해 전심으로 걸어오다 보니
확실하게 알 수 있도록 오늘날
새 약속을 마음에 각인 시켜 주신 것이다.

세상에 내가 태어난 이상. 성령 세례는 내가 꼭 받아야한다!
이것이 없이는 빌라도처럼 주님께서 하시는 일을
네가 도무지 알지 못할 것이기 때문이다.

알고 믿어야 한다는 말씀이 새삼 떠오른다.
믿음도 '주여' 라는 말도 성령 받았다는 의미도
예수 이름으로 사는 것도 여호와 이레도…
거의 모든 것을 세상 것으로 썩어질 것으로 바꾸어
이해하고 따라왔다.

주여! 이제 부터는 진리에 있어서
더 이상 어린아이로 있지 않겠습니다.
고난이 함께 따르겠지만 나의 주님이 함께 하시니

천군만마를 얻은 것과 같이 기쁩니다.

이 보게 천사장-!
생명의 면류관을 제작해 주겠소?
한 개가 더 필요할거 같아.^^

진리가 무엇입니까?
깨달은 말씀을 기록해 봅시다.

계2:8-11

엡4:11-16

요14:6

요16:13

요17:17

단10:21

딤후3:15-17

엡1:13

요이1:3

요삼1:2-4

살후2:9-12

고후11:13-15

♥요19:6

대제사장들과 하속들이 예수를 보고 소리질러 가로되 십자가에 못 박게 하소서 십자가에 못 박게 하소서 하는지라 빌라도가 가로되 너희가 친히 데려다가 십자가에 못 박으라 나는 그에게서 죄를 찾지 못하노라

십자가의 사랑을 모르는 우리를 위해 고난 받으시고

예수님은 세상 죄를 다 지셨지만 죄가 없으시다.
죄를 사하는 권세를 가지신 분이기에…
우리도 그 안에 들어가면 더러움이 씻어진다.
그러니 날마다 들어오라고 손을 내미시는 것이다.

깨달은 말씀을 기록해 봅시다.

♥ 요19:23, 30

군병들이 예수를 십자가에 못 박고 그의 옷을 취하여 네 깃에 나눠 각각 한 깃씩 얻고 속옷도 취하니 이 속옷은 호지 아니하고 위에서부터 통으로 짠 것이라 예수께서 신 포도주를 받으신 후 가라사대 다 이루었다 하시고 머리를 숙이시고 영혼이 돌아가시니라

우리 주 예수 그리스도의 십자가의 도를 다 이루신 갈6:14 주님만 자랑하자.

너는 사랑만 하고 살도록.

태초부터 계신 이를 알 수 있도록.

주님께서 너희 안에 거하시도록 내가 다 이루어 놓았다.

그러나 여전히 세상도 하나님이 지으신 것이라 하며
즐기고 잔치하느라 하나님을 찾아 마당은 밟되
정작 그 안으로 들어오지는 않는다.
왜 영원히 누릴 신령한 복을 구하는 자가 이렇게도 적은지…
내 삶에 하나님은 어디 계시는지? 그런 하나님 보다는
세상에 있는 것들을 채워줄 나만의 하나님과 사귀느라
바쁘다 바빠.

십자가의 길을 다 이루셨다는 것은
놀라지 말게 이 친구야!
우리도 예수님처럼 살 수 있는 길이 열렸다는 말이네.

> 하나님을 어떤 분으로 자랑하고 있나요?
> 깨달은 말씀을 기록해 봅시다.

갈6:14

렘9:24

갈1:4-7

히9:14-15

히10:9-10

요일2:3-6

골1:27-28

마13:16,52

겔36:25-28

고전2:16

겔11:19-20

♥ 요20:21-22

예수께서 또 가라사대 너희에게 평강이 있을찌어다 아버지께서 나를 보내신 것 같이 나도 너희를 보내노라 이 말씀을 하시고 저희를 향하사 숨을 내쉬며 가라사대 성령을 받으라

너희에게 평강이 있을지어다 축복하시고 "성령을 받으라"

성령을 받기 위해 "성령을 주옵소서" 할 것인가?
우리가 성령이 항상 필요하나 진리 안에 살기위해
필요한 열매에 따라 구해야 한다.
사랑할 수 있는 길이 막혔을 때 "사랑 할 수 있도록 도와주소서."
했다면 이것이 성령을 구하는 기도가 된다.

시험이 올 때 나를 살려줄 "한 말씀이라도 주옵소서." 한다면 이것이 성령을 구하는 기도가 되는 것이다. 꿀보다 단 주의 말씀으로 승리할 때 은혜 베풀어 주심에 감사할 수 있다.

그 말씀의 능력은 맛을 본 자만 아는 것이다!

성령은 말씀을 먹고 산다.
믿음 있는 한 발을 내가 딛을 때
주님께서는 이미 예비한 것으로 일하시기 시작한다.

평강은 롬14:17 하나님 나라요.
평강은 롬15:13 믿음이라.
이는 성령을 선물 받고 가르침을 받은 자
요14:27; 요16:33; 벧후1:2
늘 요일2:27 가르침 받고 주 안에서 살아가자.

의문(율법)이 아니라 성령으로 깨닫게 해준
지식의 말씀으로 천국에 도착한다네!

> 내 죄 지고 돌아가신 것만으로는 안 되고 천국에 들어가는
> 지식(길)이 있어야, 알아야 갑니다.
> 깨달은 말씀을 기록해 봅시다. ✍

마6:11

시119:103

눅1:37

히11:1-40

♥ 요20:23
   너희가 뉘 죄든지 사하면 사하여질 것이요
   뉘 죄든지 그대로 두면 그대로 있으리라 하시니라

"네, 주님 말씀 하소서."
"캄보디아에 가기를 원하십니까?"
"제게 보여주실 것이 있으시다구요?"
"언제 가면 좋겠습니까?"
"제가 안위해야 할 사람들이 있습니까?"
"그럼요 당연히 해야지요."
…

지금 곧 내 생각에서 벗어나려면
하나, 둘, 셋 이렇게 숫자를 세고
내가 하던 모든 것 내려놓고
하나님께로 우리도 단번에 돌아갈 수가 있어야 한다.

그것 참 좋은 방법이군^^

하나, 두울, 셋!

> 하나님은 돌아오는 것이 쉽다고 하셨습니다. 어려운 이유는 내가 버리지 않기 때문입니다. 믿음이 없기 때문입니다. 내가 왕이 되어 있기 때문입니다. 깨달은 말씀을 기록해 봅시다.

요14:20

요13:34

요6:40

히10:9-10

빌2:4

시32:5-6

고전1:17

롬1:16-17

갈6:14

히8:6-10

롬2:29

신30:6

마3:11

사55:1-3

마23:10,37

호2:19-20

♥ 요21:15-17

저희가 조반 먹은 후에 예수께서 시몬 베드로에게 이르시되 요한의 아들 시몬아 네가 이 사람들보다 나를 더 사랑하느냐 하시니 가로되 주여 그러하외다 내가 주를 사랑하는 줄 주께서 아시나이다 가라사대 내 어린 양을 먹이라 하시고 또 두번째 가라사대 요한의 아들 시몬아 네가 나를 사랑하느냐 하시니 가로되 주여 그러하외다 내가 주를 사랑하는 줄 주께서 아시나이다 가라사대 내 양을 치라 하시고 세번째 가라사대 요한의 아들 시몬아 네가 나를 사랑하느냐 하시니 주께서 세번째 네가 나를 사랑하느냐 하시므로 베드로가 근심하여 가로되 주여 모든 것을 아시오매 내가 주를 사랑하는 줄을 주께서 아시나이다 예수께서 가라사대 내 양을 먹이라

시험하시고 사랑하시므로 심령을 치료받고

믿음은 예수 그리스도가 내 안에 계셔서
그가 보여 주시고 들려(말씀하시므로) 주심으로
보고 듣고 따르는 순종의 삶,
행복과 만족과 자유가 있는 삶이다.
얼마나 그 영광이, 사랑이 황홀하고 큰지
목숨까지도 즐겨 드리는 사명을 감당한다.
보고 듣는 자만 심령을 치료받고
하나님 사랑, 이웃 사랑의 계명을 지키는 삶을 살리라.

하나님 아버지께 감사와 영광을 드립니다.

> 정결한 처녀가 되어야 남편인 주님을 만납니다. 나를 위해 목숨까지 바친 사랑, 나도 마음과 목숨을 다해 달려가야 합니다. 사랑하지 않으면 만날 수가 없습니다. 깨달은 말씀을 기록해 봅시다.
>

눅2:14

요5:19-20

롬14:18

요8:28-29

요6:40

요10:27

요15:1-12

♥요21:22

　예수께서 가라사대 내가 올 때까지 그를 머물게 하고자 할찌라도 네게 무슨 상관이냐 너는 나를 따르라 하시더라

너는 나를 따르라 하시며
주님과 1:1 관계를 잘 유지하라고 간곡히 부탁하셨다.
요21:15-17 네가 나를 사랑하느냐 주께서 물으실 때, 주여 그러

하외다. (신30:6; 요13:34; 요15:1-12) 주님의 큰 사랑 안에서 사랑하나이다. 믿음 안에서 대답하는 모두가 되시기를 축원합니다.

요13:34 새 계명을 선물 받아(주님의 마음) 하나님 사랑, 이웃 사랑(신30:6; 엡4:23-24; 요14:20-21)하며 살 때 사랑의 주 하나님께서 우리와 함께 하시리라.

요5:19-20 예수님께서도 하나님 아버지를 머리로 하고 그 생명 안에서 주 하나님의 마음을 받은 대로 우리를 사랑하셨다.(고전 11:3)

요8:28-29; 롬14:18 항상 그리스도를 섬기는 자는 하나님께 기뻐하심을 받으며 사람에게도 칭찬을 받는 하나님이 함께하시는 제자의 삶을 살게 된다.(요13:34-35; 요15:7-8)

요일2:3-6; 시23:1-6 백성 곧 양이 된 자는 주님을 보고 요6:40 듣고 요10:27의 삶을 살며 비록 넘어질지라도 시23:4 주께서 함께 하시므로 죄를 짓지 않는 삶, 서로 사랑하며 산다. 요일3:5-10.

요21:22 항상 주님께서 함께 하시므로 보고 듣고 사는 삶. 내가 정결한 처녀가 되어(우상을 섬김에서 정결케 된다. 겔36:25-28) 그리스도 주께서 내게 장가들어 호2:19-20 오직 그리스도 남편께서 내 안에 사시므로 갈2:20 항상 주님을 보고 듣고(요6:40; 요10:27) 따르는 은혜의 삶을 살게 되리라.

 독자 여러분, 이제 주님께서 마음 문을 두드릴 때 먼저는 그 음성이 들리는 삶을 살아 즉시 문을 열고 들어가 주님으로 더불어 먹고 주님은 나로 더불어 먹으리라는 계3:20 말씀을 날마다 증거 하는 삶 사시기를 축원 드립니다.

5장

요한계시록 22장

" 요한계시록 22장 "

♥ 계22:1-2

또 및 어린 양의 저가 수정같이 맑은 생명수의 강을 내게 보이니 하나님과 및 어린 양의 보좌로부터 나서길 가운데로 흐르더라 강 좌우에 생명나무가 있어 열두 가지 실과를 맺히되 달마다 그 실과를 맺히고 그 나무 잎사귀들은 만국을 소성하기 위하여 있더라

하나님의 사랑은 완전한 자가 될 수 있도록 다 이루시고 우리를 오라고 부르신다. 그 사랑으로 말씀과 성령의 충만함을 다 이룰 수 있다. 회개한다는 것은 그리스도 예수 안에 돌아가기만 하면 100% 성령님의 가르침과 도우심으로 다 이루어 주신다는 것이다.
그럼에도 우리는 세상이 좋다고 돌아가기를 싫어한다.

계22:17

요4:14

요7:37-39

롬5:5

요6:53-58

창2:10-14

신32:1-2

사55:1-3

요일5:6-8

요10:1-10

요15:1-7

시133:1-3

요19:30

♥ 갈6:14-15

그러나 내게는 우리 주 예수 그리스도의 십자가 외에 결코 자랑할 것이 없으니 그리스도로 말미암아 세상이 나를 대하여 십자가에 못 박히고 내가 또한 세상을 대하여 그러하니라 할례나 무할례가 아무것도 아니로되 오직 새로 지으심을 받은 자 뿐이니라

어두움의 세상에서 빛의 나라 예수 그리스도 안에 말씀과 생수가 있는 곳으로 들어가기만 하면 된다. 주님의 부름의 소리를 듣고 다 돌아갑시다.

♥ 계22:12

보라 내가 속히 오리니 내가 줄 상이 내게 있어 각 사람에게 그의 일한 대로 갚아 주리라

하나님의 일(우리가 해야 할 일)

요6:27-29 우리의 할 일은

하나님과 예수 그리스도의 약속을 믿고

그리스도 예수 안에 들어가기 위해

성령을 구하는 기도를 해야 한다. 마7:7; 눅11:9-13

성령님께서 가르쳐주시고 요14:26

성령 세례 받고 나면 골2:11-12; 신30:6; 마3:11

이때부터 주님의 마음을(새 계명) 선물 받고

고전2:16 그리스도의 마음으로

하나님의 뜻을 이루고 살게 된다.

고후13:5; 엡3:14-19; 히4:12,16 말씀을 받아먹으며

눅13:22-30.

♥ 눅13:26-27

그 때에 너희가 말하되 우리는 주 앞에서 먹고 마셨으며 주는 또한 우리 길거리에서 가르치셨나이다 저가 너희에게 일러 가로되 나는 너희가 어디로서 왔는지 알지 못하노라 행악하는 모든 자들아 나를 떠나가라 하리라

생명과 생수가 넘치는 하나님 나라에 돌아가

그 상에서 받아먹고 사는 것이

요6:40; 요10:27 우리의 할 일이다.

♥ 계22:14

그 두루마기를 빠는 자들은 복이 있으니 이는 저희가 생명나무에 나아가며 문들을 통하여 성에 들어갈 권세를 얻으려 함이로다

생명나무가 있는 거룩한 성, 은혜의 보좌에 들어가려면 고후4:16; 히12:2; 벧전3:22 보좌에서 흐르는 수정 같은 생명수(생수) 곧 마음의 옷 골2:11-12 두루마기(그리스도 옷)를 빨아 입어야 들어갈 수 있다. 성령세례 받고 히8:10; 롬8:2 생명의 성령의 법이 마음에 있어야 들어갈 수 있다.

♥ 계22:15
개들과 술객들과 행음자들과 살인자들과 우상 숭배자들과 및 거짓말을 좋아하며 지어 내는 자마다 성 밖에 있으리라

육신대로 살면 반드시 죽을 것이로되 영으로써 몸의 행실을 죽이면 살리니 만물보다 거짓되고 심히 부패한 사람의 마음, 내 마음, 내 생각은 마귀로부터 온 것이다. 렘17:9; 롬8:6-8; 고후10:5; 요8:44; 딤전4:1-2; 고후4:3-4 이 마음으로는 거룩한 곳에 들어갈 수 없음을 우리가 체험하여 안다. 하나님을 요8:41 아버지라고 부르고 주여! 주여! 하지만 반석인 그리스도 안에서 새 생명 안에서 성전을 골1:27-28과 같이 지어가야 하나, 자기 생각 마음으로 사는 자는 마귀의 집을 짓고 산다. 요8:31-59 이 사람들은 요8:47 하나님의 말씀을 아무리 강조해도 무리를 지어 거짓말하면서 요8:38,44 마귀의 말을 듣고 생명나무가 있는 거룩한 성에 들어가

지 않으려 한다.

♥ 계22:18-19

내가 이 책의 예언의 말씀을 듣는 각인에게 증거하노니 만일 누구든지 이것들 외에 더하면 하나님이 책에 기록된 재앙들을 그에게 더하실 터이요 만일 누구든지 이 책의 예언의 말씀에서 제하여 버리면 하나님이 이 책에 기록된 생명나무와 및 거룩한 성에 참예함을 제하여 버리시리라

지금 이 시간에도 딤전4:1-2; 요8:44 성도의 삶을 바라보면 너무나 쉽게 하나님의 말씀 밖으로 나가 더하고 빼며 산다. 고전4:6 말씀 밖으로 나가면 귀신의 영, 세상 신의 말을 듣는 창3:1-14 일이 벌어지고 결국 에덴동산에서 쫓겨난다. 자기의 생각이 진리인 것처럼 말하고 너무나 속히 세상으로 향한다.

갈1:6-7의 말씀처럼 이같이 그리스도의 은혜의 복음을 속히 떠나 다른 복음 쫓는 것을 이상히 여긴다고...하나님께서는 지금 이 시간도 안타까워하시면서 돌아오라고 부르신다. 사55:1-3; 마23:37

정욕 때문에 다투고 비방하는 삶, 세상적이요. 정욕적이요. 마귀적인 삶에서 약3:14-16 성결한 마음, 거짓 없는 주님의 마음으로 돌아오면 하나님께서 기뻐하실 것이다.

♥계22:21

주 예수의 은혜가 모든 자들에게 있을지어다 아멘

은혜의 삶을 살 때 원수 마귀는 소멸됨으로 롬10:4, 8-10, 15:13, 10:17 오직 성령 안에서 의와 평강과 기쁨, 즐거움이 넘치는 모두의 삶이 되게 하여 주신다.

독자 여러분!
마28:18-20 주님께서 영원히 함께 하시는 은혜의 삶을 세상 끝날까지 받아 누리며 예수님처럼 사시기를 축원합니다. 벧전1:15; 엡4:24.

골1:27-28
골2:11-13
갈2:20
요13:34
요14:12-26
요10:1-10
요15:1-7

6장

인터넷 설교 방송

▶ 유튜브에서 '박병모 목사' 검색하시면
생명의 말씀을 더욱 생생하게
들으실 수 있습니다.

증인의 삶(1)

기도하겠습니다. 사랑의 주님 감사 감사함으로 사는 것만이 주님 뜻이라고 했사오매 이 시간도 이 종의 입술을 주관하여 주시사 말씀을 전하는 자 듣는 자 은혜 위에 은혜 되게 하시고 아버지께 영광만 드리는 변화됨을 받아서 감사하며 살 수 있는 모두가 되게 하여 주옵소서. 예수님의 이름 받들어 기도드리옵나이다. 아멘.

마3:11 말씀 입니다. 우리가 다 신앙생활에서 가장 중요한 것은 '성령 세례'를 받는 것입니다. 누구나! 성령 세례를 받아야 성도가 되며 반드시 자기 간증이 있어야 되요. 이건 자기한테 나타나거든요. 자기하고 주님만 알아요. 다른 사람도 성령세례는 일대일이니까 주님하고 그렇게. 참고 하시면서...이 세례 받을 때 사도바울이 다메섹에서 행9:3 이하에 주님의 음성을 듣습니다. 그 상태가 성령 세례입니다.

그런데 같이 있어도 못 보잖아요. 안 보입니다. 같이 있어도 들리는 사람만 들려요. 다른 사람은 안 들립니다. 같이 호텔에서 자도 저는 빛 가운데 있어도 같이 자는 사람은 보지도 못하고 듣지도 못해요. 그래서 일대일로. 하나님은 전지전능하신 분이에요. 여러분이 자격이 되는데 여럿이 있다고 안 되는 것이 아니고 몇 백 명 몇 천만 명 있어도 누구를? 하나님 앞에 성실하고 바르게 사는 사람.

세례요한은 회개케 하기 위해 물로 세례를 주지만 "예수님은 오신 목적이 성령으로 세례를 주러 오셨다!" 이게 가장 깊이 묵상해야 될 말씀입니다.

성령세례를 안 받으면 우리가 다 그리스도 안에 들어가지 못합니다. 66전체 말씀이 신약에서는 그리스도 안이냐 밖이냐 안에 들어가 사는 삶은 성령 세례를 받아야 들어갑니다. 그런데 이것은 반드시 일대일로 하나님과의 관계가 이루어짐을 자기가 알아요. 자신한테 반드시 나옵니다.

사도바울도 그걸 깨닫고 말씀을 할 때 다른 사람들한테 설명을 해도 잘 모르니까 그냥 있었더란다하고 지나갑니다. 제가 수없이 해도 정말 못 알아듣더라구요. 정말 제가 성령 세례를 받을 때, 전번에는 영의 생각과 육신의 생각이 육신은 머리부터 발끝까지가 죄로 형성되어있다! 육신의 생각은 아무것도 드릴 것이 없어요. 내가 거듭나야, 거듭나는 그 과정이 성령 세례를 받아야 하는 것입니다. 이 말씀이 정말 중요해요.

성령세례를 받게 되면 어떻게 되느냐? 마3:16-17 이 음성이. 저는 이 음성을 94년 12월 달에 들었습니다. 그런데 이것을 들을 때 어떠냐? 이 음성 들리기 전에 완전히 빛 자체입니다. 새벽 4시 반쯤 됐는데 완전히 빛에. 낮 이건 아무것도 아니에요. 어둠이 전혀 없는 빛으로 감싸버립니다. 그리고 음성을 들으면 무릎 꿇어야겠다는 생각을 해서 꿇어지는 것이 아니라 절로 그냥 꿇어집니다.

그때가 어떤 상황이냐? 롬13:10 형제 사랑 이웃 사랑은 율법의 완성이지요? 또 요13:34 '새 계명을 너희에게 주노니 서로 사랑하라 내가 너희를 사랑한 것 같이 너희도 서로 사랑하라'...사랑하면 믿음이 완전히 되요. 사랑이 완성된단 말입니다.

그런데 제가 저번에 증인의 삶, 이번이 첫번째인데 이 삶이 딱 이루어지면 재산이 얼마가 있든 드릴 수 있는 마음이 생겨요. 이웃을 사랑하는 마음으로 변해 버립니다. 내가 손해를 어떻게 볼지라도 형제를 사랑하는 마음이 생겨요. 내 재산이 다 그 형제 때문에 압류가 들어왔어요. 자기가 공장 5억 8천만원에 정식계약을 체결하여 넘겨받는 환상을 봤다고 해놓고 안 지켜 버립니다. 이 방송을 듣는 사람 중에 두 명이 이 일에 증인이 됩니다. 본인이 안 듣더라도 순천에서 그 방송을 들어요. 제가 만약 가감을 하면 저것 거짓말쟁이라고 다시는 안 듣겠지요. 있는 그대로입니다.

그 형제들 모습이 너무나 좋았거든요. 너무 아름답고 좋아서 니 것 내 것 없이 사랑했는데 갑자기 약속해놓고 안 지켜 버리니까 전 재산에 압류가 되었어요. 팔고 서울로 저는 올라와 있고 6개월 동안 기다려도 돈을 보내지 않아요. 다시 내려가서 왜 그러냐? 그런 저런 사정으로 기도원에 가있었는데 거기서 저는 죽느냐 사느냐의 기로에요.

제가 주님께 기도한 것은 사랑하라 그랬으니까 주님 정말 이 선이 넘어버리면 사랑이 안 될 것 같습니다. 사랑하게 해주옵소서. 내가 한 10억 가까이 손해 보게 생겼으니까 재산 압류 다 들어와 있지 어떻게 감당할 수가 없습니다. 저는 사랑한다고 했다가 미워하며 다투는 돌 던지는 자리에 있게 될까 제발.

기도원에 가서 기도하고 있었는데 그 아침에 새벽에 이 음성을 들은거에요. 여기 지금 그대로 "내 사랑하는 아들이요 내 기뻐하는 자로다." 그 음성 딱 듣는 순간 무릎이 꿇어지면서 주님의 손에 붙들려 깊은 산(지리산)에 이끌리어 그 산속에서 5시간 이상 기도하다가 그로부터 산 위에서 얼마가 되었는지 내려오니까 거의 낮12시에 다시 기도원에 왔어요. 이렇게 기도하게 만들어 버려요. 사도 바울이 얘기한 삼천 층 다 보게 해주고 앞으로 어떻게 될 것이다. 그때 들려 주신대로 조금씩 이루어지더라구요.

그 전에는 말도 못했는데 가당치도 안 되니까 제가 이룰 수 있는 것이 전혀 아니고 미친놈 아닌가? 내 상황에는 안 맞으니까 성도 몇 만 명하고... 내가 다른 사람한테 한 번도 얘기를 못했거든요. 받기는 했어도 지금 보니까 아 그게 이루어지는구나! 지금은 곧 내일 안에 다 이루어질 것 같은 상황이에요. 왜? 그릇이 되면 하나님은 그 그릇을 찾거든요. 사도바울같이 여러분도 그릇만 되면.

이 음성을 들으니까 미움이 나올까요? 안나올까요? 전혀 안 나옵니다. 그냥 사랑해져요. 얼마가 손해보고 이런 거 관심도 없어요. 주님 만나서 주님의 음성을 들으니까 삭게오처럼 내 재산 절반을 딱 잘라서 가난한 사람들에게 주고 잘못한 것이, 토색한 것이 있으면 4배로 갚겠다는 그 마음이 되어버린다니까요. 체험한 사람은 알아요.

그렇게 생활했는데도 욕심이 잉태한즉 죄를 낳고...이론으로는 알죠. '욕심이 잉태한즉 죄를 낳고 죄가 장성한즉 사망이라' 저와 여러분은 금방 따라가요. 마귀에 길들여져 있기 때문이죠. 제가 그렇게 엄청난 그것을 받고도 사업을 하던 중이였기 때문에 잃어버린 재산 찾아야한다? 그 생각 때문에 주님께 못가더라구요. 계속 두드려 맞는거에요. 다 아예 흔적도 없게 뺏겨버릴 때까지 싹 없어 질 때 까지 그렇게 해서 순종하게 만들어요.

제 경우 간증은 쉽게 하지만 거기까지 갈 때 까지는 얼마나 시리고 아픈지 몰라요. 남 밑에 가서 있어본 적이 없는데 하여튼. 응애 하고 태어나서는 우리 면에서는 제일로 가문 좋은 정2품했던 집안이니까 누가 와서 정월달에 세배하러 오면 다 자식들 어루만져주는 집안이였는데, 돈이 있든 없든지 다 떠받들어 부족함 없게 살았었는데 결국 그렇게 다 망했을 때 얼마나 힘들겠냐구요.

그래도 주님이 먹여 주는 게 있으니까 먹고 사는 거야. 뭘 먹고 살아요? 말씀을. 말씀으로 마태복음 4장에 바로 여호와 입에서 떨어지는 그 말씀을 먹고 살게 되어 있어요. 그때부터는 경건의 훈련이에요 4장이 예수님이 마귀한테 시험을 받는 것이 아니라 우리가 그대로 갑니다. 이거 안 받으면 천사가 돕지를 않아요. 그대로 있어 다 포기해서 조금이라고 이만큼이라도 남겨 두고 있으면 다 털어서 나가게 만듭니다.

다 망해버리니까 왜 이렇게 행복해요. 기쁘고. 다 망했으니까 힘들어 죽어야 하는데 모든 것이 날아가 버린 이후로 항상 기뻐. 항상 기뻐하라고 하죠? 사도바울이 감옥에 있으면서 성도들한테 기뻐하라하죠? '항상 기뻐하라 내가 다시 말하노니 기뻐하라' 다시 들어가요. 주안에 있으면 항상 기뻐해요. 성질이 한번 났다 다시 들어가요. 왜 주님께서 그걸 허락을 안하시니까요.

마4:4 이게 신8:3 말씀입니다. 어떤 사람들이 성경 주소도 필요 없고 이렇게 말하는데. 사단이 예수님을 시험할 때 뭐로 해요? 구약의 말씀으로 시험합니다. 구약의 말씀으로 뭐 그런 거 있더라네. 그래가지고는 귀신들이 듣지 않아요. 그냥 대적을 해버립니다. 말씀 딱 대줘버리면 말씀으로 이렇게 되어있는데 뭐가 잘못되었습니까? 하면 대적이 안 됩니다. 이 말씀을 "너는 내 사랑하는 아들이요-"인을 쳐 주신 다음에 계속 먹여 줍니다.

그래서 잠을 안 자는거에요. 가르쳐주고 뭔지 몰라도 그때는 지금과 같이 말씀이 돌아가서가 아니라 아기한테 우리 아기 예쁘다하고 노는 거야. 주님하고 같이 밤만 되면 그렇게 놀아요. 그런 삶으로 해서 지금까지 와요. 지금도 깨닫게 해주세요. 밤이나 낮이나 길가다가도 아 말씀 이 뜻이구나 하면 아 감사합니다.

이 경건의 훈련이 죽 받아지면 우리도 똑같이 무슨 시험이 옵니까? 마태복음 먹는 시험, 능력 시험, 권세 시험 이걸 다 노우 했을 때 주님이 쓰세요. 갈6:14 어떤 명예욕이나 하나님은 어떤 명예욕으로 잘났다고 하면 놔둬요. 그 사람은 내가 해야 되요. 다시 사6장에 보면 완전히 망할 때까지 안 쓴다고 그래놨어요. 처음에는 아 조금 덜 망했을 때 안 쓰고 왜 다 망해버렸을 때 쓸라고 할까요? 따를거 같죠? 그런데 순종을 절대 안 해요.

혼인잔치 먼저 택함 받았다고 하는 자들 가요? 안 가요? 한 사람도 안 가요? 이해가 안 가잖아요 교회 다니고 택함 받았는데. 그래서 사거리에서 데려와 버려요. 그거 우리 안 갑니다. 자기 욕심이 있으면 그 욕심 때문에 혼인잔치 말씀대로 나는 시집 가야 되니 장가 가야되니 장사해야 하니 소를 샀다는 그 핑계로 일거리가 있으면 절대 안 가요.

처음에는 몰랐는데 그래서 싹 내가 안 버리니까 다 버려야 제자가 된다고 하죠? 마19:29 그리고 여러 배를 주고 영생을 얻게 해준다. 그 뜻이 무엇인지? 결국 저는 말씀을 깨닫고 보는 게 아니라. 어! 이거 깨닫고 간 것이 아니라 하나님이 주권적으로 그 자리에 넣어 버렸어요.

지금은 말씀이 있지만 그 어떻게 보면 강제적으로 하나님 아들이라고 인을 쳐줬는데 순종 안 하니까 엄청나게 받고도 순종 안한단 말입니다. 94년도에 이 음성을 들었는데 사업을 하고 있는데 가지냐구요? 98년도 눈만 감고 기도하면 마산에 있는 어느 기도원 어디 가라고 합니다. 안 가져요. 아니 그 사업체 회장인데 대표이사, 전무이사, 기획실장 등 간부들이 그림자도 안 밟으려고 하는데 그 좋은 곳에서 떠나지냐구요. 기도만 하면 가라는데 안 떠나가져요. 정말 힘듭니다. 안 떠나가져요. 옛날 생각이 나고 전번에도 얘기했지만 결국은 교도소로 집어 넣어가지고 그때는 어려웠지만 그 덕분에 제가 된 거에요. 만약 하나님이 그렇게 안 그랬으면 지금도 사업한다고...

제가 전번에 30년 계획 세우면서 국회의원도 하고 종합대학교도

설립할 계획을 세웠는데 하는 생각을 하니까 음성이 들리더라구요. 너 국회의원 못한 거 서운하냐? 아무 말 안하고 있으니까 너는 왕이야. 벧전2:9 왕 같은 제사장이라더구요. 남에게 유익만 주는 왕. 대통령도 돈을 먹으려고 혈안이 되어 있는데. 기쁨 주고 유익만 주고. 그 음성 들으니까 지금도 다 내려놔진다니까요. 내가 왕인데 뭘 더 청문회 당할 일 없잖아요. 남한테 유익만 주니까… 그렇게 인을 쳐 주면 삽니다.

오늘 이 말씀대로 우리가 다 살아갈 수 있을 때 하나님은 내가 된 만큼 무한대로 간증할 때 내가 주님의 것을 십만 분의 일이나 알고 있는지 백만 분에 일이나 알고 있는지 그걸 모르겠어요. 내가 간만큼. 여러분도 똑 같아요. 지금 제게 있는 것 가지고도 모든 사람 앞에서도 담대히 증거 할 수 있어요.

더 엄청난 것도 주님이 주신다고 약속했으니까 요14:12에 예수님 보다 큰일 한다고 했는데 여러분은 믿어집니까? 더 큰 일 한다고 믿어지냐구요? 저는 믿어져요. 하나님이 약속하셨는데 언젠가 이루어 주실 거라고. 처음에는 안 믿어져요. 어떻게 예수님보다 큰일 합니까? 예수님처럼 살라 그랬잖아요? 벧전1:15 내가 거룩하니 너희도 행실이 거룩해야 한다. 거룩해지던가요? 조금만 손해 보면 막 뭐가 올라오는데 안 된단 말입니다.

그때, 주님이 함께 하실 때만이 거룩한 삶이 살아져요. 내가하고 나가면 거룩함이 안 되요. 그냥 본 가락이 나옵니다. 주님이 항상 함께 하실 때.

그럼 그 주님이 어떻게 해주신다고 했느냐? 반드시 모두가 다 돌아오는 자에게 해주신다고 약속을 했어요. 누구든지 마4:17 보겠습니다. 그런데 이 부분이 많이 잘 좀 묵상을 해야 되요. 회개하라는 이 말씀을... 회개가 거의 죄 짓고 회개하는 것으로... 지금 한국교회가 길이 들어있어요. 습관화가 되어있죠.

제가 어떤 목사님한테 그 얘기했는데 목사님, 오늘 딱 죽으면 지옥가. 지옥 간다니까! 그러니까 성질내지요. 요일3:8 죄를 짓는 자는 소속이 어디에요? 마귀한테 쏙 들어간다는데. "아 약올리지 말고" 친한 목사님인데 죄 문제에 대한 이해가 전부 죄 짓고 회개한다는 거에요. 죄 짓고 회개하는 그것은 소속이 마귀에요.

회개는, 예수님이 우리 죄인 구원하러 오셨지요? 마3:15-16 예수님이 우리 죄 다 지셨지요? 그러면 져준 이유가 뭐냐 돌아오라고요. 이 회개가, 이 천국이 가깝다는 뜻이 뭐냐? 예수님 안에 들어오면 천국을 이루고 사니까 내 안으로 들어오라는 말이에요. 이 말씀을 가지고 죄 짓고 회개하고 죽을 때까지 죄 속에 갇혀있는데 죄를 짓는 자는 나이 점점 먹어 기억력도 없고 나 뭔 죄지었는데요. 똥 싸고 언제 천국 갈거냐구요. 아닙니다.

회개는 죄를 져 주셨기 때문에, 예수님이 져주셨잖아요? 마3:15-16 죄 짓고 회개하라하면 본질에서 벗어나요. 하나님께로 돌아가서 삶이 하늘에 것만 바라보고 살아야 위에 것만 찾아야지. 땅에 것은 내가 다 알아서 해줄 테니까 너희는 하늘의 것만 바라봐라. 위엣 꺼 찾아라. 회개하라면서 땅의 것 찾고 지금도 뭐 하려고 하고 아니에요.

회개는 주님 안에 들어가면 예수님 안이 천국이니까 예수님 안에 들어가면 다 해줘요. 가르쳐주고 필요한 거 있으면 계속 주님이 말씀 주시면 저절로 되어 버린단 말입니다. 갈2:20-21 이게 되었을 때, 우리 모두가 천국이야! 천국, 이 말씀이 이루어지면. 회개는 하나님께로! 한문 풀이도 그렇게 해요. 하나님께로 돌아간다는 것인데 죄 짓고 회개한단 말입니다. 잘못된거에요. 이미 죄인인데 죄져주시고 돌아오라는거에요.

이렇게 해서 돌아오면 정말 편해요. 이 말씀이 여러분 것이 되시면 근심 걱정 없다니까요. 근심 걱정은 누가해야 되요? 주님이 해- 주님이! 마6:8 보겠습니다. 다 알고 있다는 말입니다. 아멘.

그런데 문제란 말입니다. 세상 것 미련 없이 버려버리고. 우리 목사님도 왕 같은 제사장이라니까요.(앞에 목사님 보고) 미련이 없어요. 최고에요! 왕 같은 제사장이 재산 잃어버린 거…다 지난 날이고 새 출발! 그리스도 안에서 새 출발! 그러면 다시 평화를 얻는단 말입니다.

하나님 나라는 오직 성령 안에서 의! 주님이 항상 일하시는 것이 의에요. 기쁘고 즐겁게 사는 것이 하나님 나라입니다. 하나님이 다 해주신다는 얘기에요. 마6:31-34 하나님이 다 아신다고 걱정 하지 말고 나 믿어라 지금 이 말씀이거든요. 내가 일러준 말로 여기 끝에 가면 너희는 먼저 그 나라와 의를 구하라 그랬는데 그 나라는 안 찾아요. 입술로만 찾는단 말입니다.

그리스도 안에 들어가야 하나님 나라라니까요. 성령 세례를 받아야 들어가요. 성령세례는 정말로 놀라운 사건이 자기에게 임하는 거에요. 아브라함에게 창12장 불러서 계속 훈련 후 15장에서 사라에게서 아들을 주마했는데 약속이 믿어져요? 안 믿어져요? 안 믿어져요! 왜? 성령세례를, 여기서는 마음의 할례를 약속을 했는데 그러니까 하나님이 결국은 18장-19장 소돔과 고모라성이 멸하는 것을 싹 보여준거에요. 하나님이 죽여 버리네! 나라도 흔적도 없어져 버리네! 그 다음에는 아비멜렉에게 사라를 보내 버립니다. 다시 자기들은 아무것도 한 것이 없어. 여호와 하나님이 하셔 가지고 다시 구출해주셔서 놀라운 기적의 역사가 일어납니다.

그때 성령 세례, 마음의 할례 여러분에게도 똑같은 체험이 와야 성령 세례가 이루어진다니까요. 역사가 이론이 아니라 실제란 말입니다. 말로 "성령세례 받읍시다." 해서 되는 것이 아니라 제가 해보면 진실한 마음으로 과거에 어떤 삶을 살았든 상관없어요. 다 해줘요. 다.

오늘 이 말씀을 통해서 우리 모두가 다 꼭 성령 세례를 받으시고 하나님 나라 천국을 이루어서 모두에게 고전10:30-33 말에나 일에나 무엇을 먹든지 마시든지 하나님 영광을 위해서 하고 33절에 모든 사람에게 기쁨을 주고 많은 사람에게 유익 주는 삶 사시기를 주님의 이름으로 축원 드립니다. 감사합니다.

증인의 삶(2)

_요14:21

정말 여러분들 다 사랑합니다. 주님의 마음으로 100%사랑. 아마 죽을 때까지 이 사랑하는 마음은 모두를 사랑하는 마음은 변함이 없을 것입니다. 오늘 말씀은 요14:21입니다.
기도하겠습니다. 사랑의 주님 오늘도 만남을 통해서 은혜의 말씀 듣게 하시고 찬양 듣게 하시고 함께 예배를 드릴 수 있도록 아름다운선교 방송을 세워주시고 함께 은혜를 나눌 수 있도록 지켜봐 주시고 말씀을 듣고 전하는 모두가 다 큰 은혜의 깨달음을 얻어서 모두가 다 은혜의 보좌 앞으로 나아가 새 생명 얻은 자로서의 삶을 삶으로 아버지께 영광만 드리는 모두가 되게 하여 주시옵소서. 우리 생명 되신 예수님의 이름 받들어 축원 드리옵나이다.

본문은 요14:21 증인의 삶, 오늘이 두 번째 시간입니다. '나의 계명을 가지고 지키는 자가 나를 사랑하는 자라' 이 말씀이 이루어지면 사랑하지 말라 그래도 사랑이 되고 또 육신의 생각으로는 아무리 사랑하며 살려고 해도 안 살아져요.
문제는 이 삶이 안 살아지기 때문에 하나님 말씀에 모든 이론 생각은 하나님을 대적하는 원수다. 고후10:5이지요. 알긴 아는데. 그럼 왜 그렇게 하나님의 뜻대로 안 살기 때문에 그런다고도 할 수도 있지만 그 사람 안에 주님이 안 계시기 때문에 보이고 들리지 않아요. 보이고 들리지 않으니까 누구를 따라가요? 내 생각 따라 살게 된다.

여기 보니까 중요한 것은 '나의 계명을 가지고' 이렇게 되어 있잖아요. 주님이 우리에게 가르쳐 주신 뭔가가 있다는 거지요. 막연한 것이 아니고 '나의 계명을 지키는 자라야 나를 사랑한다.'는 얘기는 믿는다는 얘기입니다. 주님 안에 들어가 산다는거에요. 이렇게 해야 나타난다는거에요.

나타나는 삶이 되면 세상 것은 정말로 쓰레기에요. 저도 세상 욕심이 누구보다도 많았던 사람이거든요. 몇 번 얘기했지만 그런데 아무런 가지고 싶은 게 없어요. 제가 바라는 것이 있다면 오늘 주 안에(하늘나라 천국) 살고 싶어요. 여기에 미련이 전혀 없어요. 여기 대통령하라 그래도 아니야 주님이 최고 좋은데 그 고생 자리에 왜 들어갑니까? 안한다니까요.

이 안에서 주님의 생명으로 태어난 거거든요. 주님의 생명으로 태어난다는 것은 하나님 하고 생명이 같아요. 하나님 생명하고 같을 때 우리 생활은 기쁨뿐이에요. 누가 핍박하러 와도 기쁘고 뭐해도 기쁘고 내가 육신의 어떤 것이 나온다할지라도 들어가며 놓지 말라 그래도 놔진단 말이에요.

마19:29 제자는 누가 되요? 다 버려야. '모든 족속을 다 제자 삼으라' 는 것은 다 버리는 것부터 가르쳐야 다 버려야 제자가 되요. 자기 생각 자기 이론으로 가득 가득 차있어요. 제가 요즘도 어떤 목사님 것을 좀 들어보면서 아 그렇구나. 제가 20년 전부터 히브리어 헬라어를 공부하라 그래도 저는 안 한다고 했거든요. 왜 안 하냐? 그 사람들 입에서 나오는 것이 성경을 부인하는 얘기가 나와요. 잘못되었다는 얘기거든요. 그럼 하나님을 신뢰를 안 해버리는 결과가 되어 버려요. 그냥 자기들은 한마디씩 하는데 이게 마음속에 잘못됐어? 그럼 믿을 필요가 없어지잖아요. 저는 히브리어 헬라어 공부 한 번도 안 해도 주님이 해주신다는거에요.

순서대로 오늘 제가 증인의 삶 걸어왔던 삶의 두 번째 시간이에요. 한번 정도 더 할까 이걸로 마칠지는 모르겠지만 그대로 인도 해주십니다.

이 인도를 받은 사람은 어떤 누구도 분별이 되요. 저 사람이 육신적으로 생활 하면서 거짓말하고 있구나. 자기는 영으로 산다면서. 주님이 가르쳐주신 이 계명을 받은 대로 누구든지 사랑할 수 있다니까요.

많은 이론, 이렇게 요즘 어떤 목사님 덕분에 히브리어, 헬라어, 영어 가지고 하는 것을 들었는데 그렇게 믿으면 천국 갈사람 없어져 버립니다. 뒤에 머리가 복잡해져가지고 안 믿어져요. 제가 결국은 아 그 모습을 보면서 또 다른 배도자구나! 전부 어찌 보면 그럴듯 해요. 아마 출발은 배사랑 목사님하고 관계가 돼서 제게 보내준 것을 자세히 들어보니까 아 또 이렇게 만드는 역사를... 또 이런 게 있구나! 아니거든요.

이 한국 성경도 조금씩 오역 되어 있는 게 있어요. 없는 것이 아니라 그럼에도 성령님이 가르쳐주시면, 이끌어 주시면 깨닫게 되어 있어요. 잘못되어 있어도 성령님이 먼저 날 찾으라고 했잖아요? 처음 우리가 해야 되는 일이 뭐에요? 성령을 구하는 기도에요 마7:7 구하라 찾으라 뭐 찾아져요? 내 안에 계신 주님 만나게 해주신다는 거에요. 하나님의 약속이에요.

주님 만나면 그 안에서 전부 먹고 산단 말이에요. 보고 듣고 사는데 뭐가 부족해서 세상으로 다시 나가야 되냐구요. 왜 내 생각으로 나가야 되냐구요? 없어요. 그거. 오직 주님 한 분으로 족한 것이 아니면 믿음은 없다는거에요. 주님 보다 더 중요한 것이 뭐가 있습니까?

그래서 마13:44-46 까지 너 주님을 만났으면, 보배를 찾았으면, 진주를 만났으면 다 팔아 사라! 그런데 우리는 생각도 않고 그 뜻이 무엇인지도 묵상도 안 해요. 다 팔지 않으면 만날 수 없는 거 갈 수 없는 것이 천국입니다.

아무리 좋은 말씀을 믿고 하라 그래도요. 성령으로 마음의 할례, 성령 세례 받고 마음이 변화 받지 않으면 즉 변화는 내 마음상태에서의 변화가 아니고 할례 베풀어서 주님의 마음을 넣어줍니다. 넣어줄 때 비로써 주님의 음성이 들리고 보여요. 이 말씀이 보인다니까요 주님의 마음으로 읽어져요.

이론으로 아무리 해봤자 설명해도 뒤에 가면... 주님이 하시면 안

피곤해요. 제가 해보니까요. 저는 제일 처음에 성령님이 해주신 것이 죄 깨닫게 해주신 거. 사도바울도 제일 처음에 죄인 중에 괴수라고 죄 깨닫는 거. 정말 철저하게 죄 깨닫는 게 뭐냐면 내 마음 내 생각으로 한 걸음만 나가도 하나님을 대적하고 살고 있구나! 이렇게 깨달아지는 게 죄 깨닫는거에요. 내 생각 내 이론으로 다하면서 죄인 아닌 사람이 누가 있어? 그거 죄 깨닫는 거 아니에요.

만물보다 심히 거짓되고 부패한 것이 내 마음이라는 것이 아멘 되었을 때 그 은혜의 보좌 앞으로 나아가는 것. 나는 아무것도 쓸모없구나. 내 생각 내 이론으로는 천하를 준다하더라도 살아서는 안되겠구나.

'90년도에 이렇게 죄를 깨닫고 4년 세월이 흘렀을 때 성경에 뭐라고 되어 있어요? 서로 사랑하라구요... 형제를 사랑하라고 딱 사랑의 문제가 걸렸는데 윤필중 형제와의 계약 불이행이 되면 돈이 10억이 실제 날아가요. 이 메시지를 듣는 사람들 중에 증인들이 있다니까요. 제가 하는 증언은 다 살아있고 증인들이 있는 말씀이에요. 왜? 다음에라도 대라고 하면 댈 수가 있어야 하니까요. 얼마나 대적 자가 많은데요.

그 '94년도 12월 달에 우리가 성령 세례를 받아야 된다. 이런 말씀을 다하는데 받아본 사람은 인정을 한다니까요. 언제 주는가를 가르쳐줘야 누구도 사랑할 수 있어요. 내가 성령 세례를 받고 주님의 마음을 선물 받으면 그때는 아가페 사랑 설명 안 해도 아가페 사랑이 나와요.

내가 사랑했던 박병렬 저보다 3년 위 형은 mbc 문화방송 전직 국장까지 했던 분인데 그 형은 내가 마지막까지 회사를 믿고 맡겼는데 거기서 또 배신을 했어요. 그래서 몇 년 후 만나서 "형 나는 내가 아가페 사랑까지는 모르겠지만 그래도 형 사랑한다. 지난일은 다 용서한다" 그러니까 눈물을 흘리시더라구요.

그 사람 때문에 육신으로 보면 망하기 시작했거든요. 내가 마지막 기획수사를 당하면서도 조카하고 둘이 할 수 있게끔 맡겨났는데 배신했다고 하더라고요. 뭐 욕심 때문에, 욕심이 있으면 이길 장사 없습니다. 내가 데리고 있다고 돈 좀 주니까 아니고 영감님- 회장님- 백날 해봤자 거짓이에요. 가장 처절하게 배신해요. 지가 뭐라고 돈 좀 있으니까 그랬지. 그 세상이 뭐가 좋다고 아니에요.

너 그럴 줄 몰랐다하는 것은 성경말씀에 사람 믿지 말라고 해놨는데 아 그거 하나님 믿는다면서 왜 믿어놓고 그럴 줄 몰랐다 소리가 나옵니까? 배신을 또 하고 또 하고 하나님이 이미 정해놨는데 미 7:5 너의 품에 있는 아내도 믿지 말라 그러면 됐지. 믿을게 뭐있어요? 없단 말입니다.

주님이 주신 이 사랑은 어떻게 해서 받아지느냐? 성령 세례를 받아야하는데 그 형제가 약속을 안 지킴으로 딱 10억을 손해 봐요. 나의 전 재산 압류 들어와 가지고. 그 형제가 5억 팔천 매매계약을 안 지켜서 94년 12월 달인데, 성령 세례 받을 때가 양쪽에 제가 딜레마에 빠져있는데 완전히 믿음이 장성한 자가 된 것도 아닌 상태인데.

너무 좋았는데, 저 형제를 끝까지 사랑을 지키고 싶은데 돈을 바라보면 원수가 되어야겠고 사랑을 하려니 내가 망하게 생겼고 정말로 어찌할꼬...

계속 기도원에 기도하러 다니면서 어느 날. 성령 세례는 우리가 생각하는 것이 아닌 천상의 세계를 보여주는거에요. 하나님의 능력을 여러분 앞에 보여줘요. 천국이 보이면 버리지 말라해도 욕심이 버려지고 믿지 말라 그래도 믿어져요. 그게 성령 세례에요.

그래서 아브라함에게 성령 세례가 언제였나요? 소돔과 고모라성의 멸망과 아비멜렉왕에게 사라를 빼앗겼지만 거기서 나오고 하나님의 능하신 역사를 봄으로서 아- 내 생각은 아무 필요 없구나! 그리고 사라에게서 이삭을 낳게 한다는 것을 아멘으로 받아들인거에요. 우리가 몇 번 믿습니다! 믿습니다! 거짓말이에요. 아니에요 안 믿어져요. 내가 하나님의 그 역사를 체험하므로 비로써 그냥 순종이 되요. 성령 세례 안 받고는 그냥 나가진다니까요. 해야 돼.

그거 보면 하루 종일 있어도 저는 우리 앞에 증인이 있지만 저는 집에서 한발 자국도 안 나갑니다. 교회에서. 하루 종일 말씀보고 90년도에서부터 지금까지 해요. 주님께서 자기 일에 바빠 가지고 이것 쫓아다니고 저기 쫓아다니고? 아니에요. 그렇게만 하면 성령의 역사는 오히려 사라져버려요.

그래서 오늘 두 번째 간증은 새 계명이 뭐냐? 바로 하나님의 생명으로 태어난 사람에게... 교회 많이 있지요? 그리스도가 머리가 된 교회, 그리스도를 머리로 하고 그 안에서 보여주시고 들려 주신대로 살게끔 해놨어요. 요5:19-20.

성경에 내가 보여준 들려준 그대로만해라 누가 하신다는 얘기에요? 하나님이 100%해줘요. 그걸 못 믿고 내가 나간단 말입니다. 내가 연구한 것은... 제가 방송에서 얘기하기가 힘들어서 잘 안 하는데 얼마 전에도... 참 이런 얘기를 해야 할지 안 해야 할지 모르겠는데...

어떤 연구회에서 제가 보니까 헬라어로 다 잘 해놨더라구요. 그래 놓고 딴 얘기를 해요. 두 번째 만남의 자리에 가서 아니 여기 너무 잘되어 있습니다. 그런데 왜 벗어납니까? 마6:9-13 처음부터 끝까지가 전부다 그리스도 안에서 그리스도 안에서인데!

여러분이 주님이 가르쳐준 기도하실 때, 그리스도 안에 있는 자만 하나님을 아버지라고 부를 수가 있어요. 아무라도 아버지 이름 부르면 죽여요. 재앙이란 말입니다. 그리스도 안에 있을 때, 생명이 같을 때, 하나님의 생명하고 같은 사람이 아버지라고 부를 자격이 있는 것이죠.

우리 육신의 아버지는 박 형자 래자인데 그분이 아버지에요. 왜? 그분의 씨로 태어났기 때문에 아버지라고 부른단 말입니다. 이와 같이 하나님의 생명(씨)으로 태어난 사람이 아버지라고 불러요. 그게 시작이에요. 시작! 요일3:9.

그렇게 시작해서, 주님이 가르쳐준 기도가 그러면 "다 내가 해주마."에요. 그렇게 했을 때 주님이 100%해줘요.

저는 누가 어떤 목사님에 대해서 이 분이 잘 한다 그러면 제가 들어봅니다. 그것은 들어보라고 한 그 사람을 위해서 들어봐요. 끝까지 아 이 사람이... 제가 쉽게 판단 할 수는 없잖아요. 정말로 진리 안에서 저는 뭘 중심으로 보냐면 그 사람이 어떻게 해서 변화가 되었는가를 봐요.

처음에는 그 과정이 반드시 나오게 되어있어요. 제가 해보면요. 왜? 성령은 그렇게 해주신다. 성령님은 해주세요. 100%. 새 계명을 주면 사랑하게 되어있다니까요. 말씀을 지키게 되어있어요. 66권 말씀을 왜 지킨다고 해요? 왜 지키게 되요? 주님이 지키신단 말입니다.

목사님들 말씀 공부하러 오시면 마음을 다하고 뜻을 다하고 힘을 다해 그 계명을 지키겠다고 서원해보십시오. 그리고 저녁에 잠자기 전에 꼭 그 말씀을 내가 오늘 하루 동안에 몇 분이나 몇 시간이나 이루고 살았는가를 한번 체크해 보시라고 합니다. 그러면 자기를 알게 되요. 아 거의 하루 종일 나는 내 생각대로 살았구나! 그걸 깨닫게 되요. 제가 서원하라 그래요. 서원해서 지키라는 것이 아니라 자기를 보라는 거에요. 내가 얼마나 거짓된 신앙생활을 하고 있는가를 체크하기 가장 좋은 방법이에요.

그 말씀 놓고 보면 내가 마음, 목숨을 정말 얼마나 다 드렸는지... 아무것도 안 하고 있었다는 거에요. 주님만 바라보고 그 시간이 하루에 얼마나 되는가를. 제일 처음에 계명을 지키겠다고 서원해보라 그래요. 그 계명을 지키겠다고 저도 그렇게 해봤거든요. 안 지켜지더라구요. 제가 처음에는 언제 저 혼자 할 수 있다고 했나요?

주님이 그렇게 해주신다고 하셨지 하며 주님께 말한 적도 있는데요... 아- 내가 해서는 안 되는구나!

그러면 물어봅시다. 하나님이 그 말씀을 주실 때는 할 수 있는 길이 있으니까 주셨을까요? 할 수 없는데 하라고 하시는 걸까요? 100%할 수 있어요. 그런데 누가? 여러분 안에 주님이 계시면 주님이 다 이루세요.

결국 아들을 보내신 목적이 뭐냐면 그 안에 와서 살라는 거에요. 그래서 엡1:3 뭐에요? 그리스도 안에서 하늘의 신령한 복 다준다고 약속했단 말입니다.

그 천상세계 보면요 세상 것 버려진다니까요. 마17:4-5을 보면 베드로가 모세와 엘리야가 예수님하고 변화 산에 가서 보니 딱 뭐라 그래요? 주여 여기 있는 것이 좋사옵니다. 여기 초막 셋을 짓고 살겠습니다. 왜? 너무 좋으니까 그래서 봐야 부르짖고 가진다니까요. 바로 세상적으로 살던 그 제자들도 여기가 좋사옵니다. 여기가! 마17:4절이에요 5절은 하나님이 예수님에 대해서 인을 쳐 주신 말씀이고 "이는 내 사랑하는 아들이요 내 기뻐하는 자니 너희는 저의 말을 들으라" 이 말씀도 아무리 좋게 풀어봤자 본인 체험이 없으면 그거 또한 이론이에요. 아멘 이십니까?

저는 이 말씀으로 저에 대해 들어내는 거에요. 증인의 삶 1번, 오늘 두 번째인데 나 이렇게 신앙생활 했다 밝히는데 뭐 창피한거 없잖아요. 그런 것을 먼저 해주고 말씀을 증거 하라는 마음이 있어서 하는데 어떤 원로 목사님이 정말 좋다! 이렇게 하면 되는데 우리는

히5:11-14에 우리가 응애 하고 태어나 우리 육신이 자라듯이 제가 성령으로 살았어도 바로 분별이 되는 것이 아니고 내가 된 만큼 그렇게 해주시더라구요.

저는 주님을 만나고 너무 좋아서 하루 종일 기도하고 즐거워하고 놀고 그 장소도 정말로 지상낙원이었어요. 지금 같은 계절이면 과목이 8가지가 심어져 있고 올라가는 곳에서는 아카시아 향이 가득해가지고 한번 왔다간 사람이면 "무슨 복이 있어서 이런 곳에 사냐고?" 저는 하루 종일 기도하고 말씀보고 살았어요.

교회서 심방도 자주오고 너무 좋으니까요. 거기가면 내어다 팔면 좋은 것들이 있어도 팔아먹을 생각을 안 했어요. 너무 좋으니까 닭을 400마리를 키웠어도 병아리를 사다가 이렇게 토종닭 기르고 하루 달걀 200개 거뒀어도 전부 그 사람들 잡아서 먹였지 팔려고 해본적이 없어요. 내가 닭 괜히 키웠다고만 했지. 닭을 잡기가 힘드니까요. 닭 잡을 줄도 모르는 사람이 당신이 잡어 나도 못 잡어 너도 못 잡어 하며...

히5:11-14절만 보겠습니다. 단단한 식물은 장성한 자가 먹는 장성한 자의 것이다. 이때쯤 되면 66권 말씀이 분별이 되어 갑니다. 이때가 되면 여러분 정말로 기쁘고 좋아요. '저희는 지각을 사용하므로' 제가 어떤 목사님이라고 얘기는 안 하는데 거의 다 분별이 되요. 아무리 이론으로 뭐라고 해도 아 이 사람은 역시 이론이구나! 자기 된 것이 안 나옵니다. 자기가 받았으면 내놓지 말라고 해도 내놓게 되어있어요. 자기가 좋은 것이니까 여러분이 자랑하고 싶어지는데 그게 안 나오면 이론이에요.

이론으로 설파해 놓으면 듣기는 좋은데 머리아파요. 뒤에 안 되니까요. 머리 아프다는 뜻은 안 되니까...

딤전6:12-15까지가 뭡니까? 경건의 훈련을 받아라. 영생의 싸움 믿음의 선한 싸움을 싸우라는 얘기에요. 그래야 영생을 취한다. 언제까지? 흠도 점도 없이 될 때까지 그러면 주님이 나타나신다. 바로 이 삶을 살 수 있는데 왜 이 길을 놔두고... 믿기만 하세요. 믿고 주님께 구하면 됩니다.

가장 무서운 것이 사람을 의지하는거에요. 사람한테 가서 소리 들으러 가면 망해버려요 왜? 그 사람이 안 됐으면요. 제가 아마 목사님들한테 안 물어봤으면 깨닫고 진작 더 깊이깊이 들어 갔을거에요. 아직 성령으로 살지 않은 목사님한테 들어가 물으면 아니라고 하니까 그마 만큼 제가 늦어지더라구요.

무조건 주님을 신뢰하고 주께 물으세요. 하나님의 명령이라니까요! 내가 누구한테도 묻지 마세요. 그냥 주님한테 물으세요. 주님한테 물으면 주님은 얼마나 기쁘게 가르쳐 주시는지 몰라요. 절대 가르쳐 주신 것은... 뭐 그냥 애들 야야 젖 먹자고 깨우듯이 깨워가지고 말씀 주시고 가르쳐주시고. 우리 모두가 다 그 자상하시고 지극 정성으로 다 해주시는 그 가장 귀한 분, 좋은 분, 친구 같은 분, 우리 어머니 같은 분을 놔두고 왜 자꾸 세상에 물어보냐구요.

정말 말씀 깨닫게 해주신다니까요. 말씀 가르쳐 주신다고요. 가르쳐 주신 것을 내놓아야해요. 성령이 가르쳐주시더라. 단6:10 그것은 하루 세번씩 기도하라가 그것은 뭘 기도하라는 뜻인가요? 성령을 구하는 기도를 했다. 아 그렇구나! 몇 사람한테 얘기했더니 그런 말은 처음 들어본다고 하더라고요. 거의 처음 들어봤다고 해요. 겸손도 겸손이 뭐냐? 물으면 주님께서 가르쳐줘요. 겸손이 옛날에는 내가 조금 겸손한 척하고 천방지축 하지 않고 그게 아니고 주님의 마음, 주님의 생각, 주님의 뜻으로 사는 것이 겸손이다. 이렇게 딱 가르쳐주면 아 그건 영원히 불변이에요. 영원히. 성령은 가르쳐 주신다고 했는데 왜 그 성령님 놔두고 딴데로 자꾸 가야하냐구요? 아가페 사랑이 정말로 해져요. 이론이 아니고 실제 이루어지는 것을, 제가 이루고 살았단 말입니다. 한 번 더 증인의 삶을 제목으로 말한다면 사랑을 어떻게 하고 사는가에 대해 증거 하고 싶어요. 아가페 사랑은 조건이 정말로 없어요. 어떤 것도 자기 욕심으로 가는 건 사랑이 아닙니다. 부부가 되었더라도 서로가 정략적으로 사는 것이니 사랑이 아니에요.

저는 누구한테든 "뜻대로 하십시오."하지 아 이거 이렇게 하라고 하는 경우가 거의 없어요. 아마 그런 부분은 김승희 목사님도 아실 겁니다. 제 주장을 한 번도 해본 적이 없어요. 아 그냥 그렇게 하십시오. 여기 김목사님의 말을 통해서 나올 때는 주님 뜻이지 내가 정해놓고 이렇게 저렇게 해라 말라 하지 않아요. 이것이 저와 여러분의 삶이 되셔야 될 줄 믿습니다.

정말로 하나님은 여러분을 사랑하십니다. 죽기까지 사랑하세요. 감사합니다.

증인의 삶(3)

갈5:22-23

우리 삶이 지금 갈5:22-23이 이루어져야 됩니다. 사랑이 나갈 때는 사랑이 나가야되고 기쁘고 즐거워야할 때는 기쁘고 즐거워야 되고 화평케 할 때는 화평이 되어야하고 오래 참을 때는 참아야하고 그런데 우리가 하려면 안 된다는 거죠. 주님께서 저와 여러분 안에 계실 때는 이루진다는거에요. 자비를 베풀 때는 한 없이 베풀어져요. 이게 전혀 아까운 생각이 없이 베풀어지고 말씀의 실제가 이루어진다는 얘기지요. 성령이 저와 여러분에게 함께 하시면요.
제가 죽 걸어왔던 것을 지금까지를 증인의 삶이라는 제목으로 해왔는데 오늘이 마지막 시간입니다. 이 삶이 실제로 이루어져요. 어떤 삶이냐? 돈이 많이 있어서 기쁘고 즐거운 게 아니고 없어도 기쁘고 즐겁고 어디서나 그리고 항상 주님이 함께하시니까 이기는 삶을 삽니다. 육신의 힘으로 이기는 것이 아니고 성령이 함께 하시므로 빌4:13 말씀대로 주님 안에 있으면 누구든지 이기게 되어 있습니다. 이긴다는 것은, 세상은 우격다짐으로 힘으로 해서 이기는데 그리스도 안에서의 이김은 사랑으로 이기게 됩니다. 다른 것이 아니라 사랑으로. 성령님이 이렇게 하시는 것이 얼마나 저는 얼마나 감사한지 헌금을 하려고 제 생각으로 만원을 드렸어요. 헌금 하는 것도 많건 적던 성령님이 하라는 대로 하고 있어요.

저는 그 훈련을 근30년 가까이 죽 받아와요. 제 생각으로 하는 것은 하나님이 기뻐 안 하시더라구요. 만원 더 넣고 싶은 생각이 있어서 더 넣었는데... 그때부터 마음이 순종을 안 했다는 얘기죠. 뒤에 집에 가서 왜 그랬을까? 그때부터 앞에 전 하신 분들의 설교를 들을 때 헌금을 그냥 넣어 놓은 대로 할 것인데 방송도 힘이 들겠다는 마음이 있어서 만원 더 냈는데 성령이 함께 하시면 때로는 제가 바보가 된 거 같지만 막아 버립니다. 설교를 할 때도 더 이상 해서 안 될 시간이라 하면 안 하고 하라 그럴 때는 하고 말씀 전하는 것도 그렇게 지금까지 훈련을 받아 왔습니다.

신학교 다닐 때 5분 설교를 한번을 안 했어요. 나가서 하려고 그러면 "네가 뭔데 설교 하려고 하냐? 주여 삼창하고 기도나 하고 들어가거라" 하면 우리 동기들이 210명인데 저는 설교 못하는 사람으로 아예 낙인 찍혔었어요. 한 번도 안 하니까 성령님이 하지 말라니까 안 하지요. 그 훈련을 받고 저는 목사의 길에 사역자 길에 들어오기 전부터 이렇게 살아오고 있습니다. 오늘 이 성령의 열매는 우리가 다 아시죠? 이게 필요할 때 반드시 나가야 한다는거에요. 참아야 할 때는 참게 되고 사랑이 나갈 때는 사랑이 나가게 되고 이 삶이 이루어질 때 영광 드리는 삶이 될 줄 믿습니다. 24절까지 읽으셨는데 반드시 이 삶이 이루어지기 위해서는 그리스도 예수의 사람들은 육체와 함께 정과 욕심이 십자가에 못 박았느니라 이게 이제 성령 세례 받았다 그 말이에요.

마3:11에 예수님은 성령으로 우리를 세례 주러 오셨다. 그 성령 세례 받고 나면 내가 산 것이 아니고 오늘 목사님의 말씀대로 육신의 생각으로 산 것이 아니라 성령의 삶을 살게 될 때 반드시 육신의 것은 안 나옵니다. 제가 해보니까 그래요.

저 또한 세상 욕심으로 살던 사람이었는데 사업을 했기 때문에 더욱 그렇죠. 그런데 다 포기가 되요. 왜? 육신이 생각이 없어지니까 욕심도 따라서 없어져요. 계산상으로 도무지 어떻게 그렇게 했지? 그런 엄청난 돈들이... 계산이 안 돌아가기 때문에 포기하게 되는 거에요. 죽든 살든 계약서상에 이득이 나오면 죽었으면 죽었지 포기를 못하는 것입니다. 대통령이 되도 돈 앞에서는 몇 억도 갖고 오라 그래서 쓰려고 하는데 저 같은 사람이 40억의 정상적인 계약서가 포기가 되요. 그게 성령의 삶입니다.

그런데 포기하고 나면 성령의 열매 두 번째 희락이지요? 기쁘고 즐거워요. 육신에 있을 때 같으면 그걸 포기했으면 얼마나 안타깝고 그러겠어요? 그런데 없어져 버려도 기쁘고 즐겁다는 말씀이 이루어져요. 반드시 성령의 삶이 이루어져야 되는 것이 우리 모두의 삶인 줄 믿습니다.

제가 많이 했던 말씀이 그 회개에 대해서 제가 많이 얘기를 했습니다. 많은 분들이 계속 회개를 하고... 몇 십 년이 되도록 회개를 하고 제가 "회개를 계속 하는 것은 아직은 그리스도 안에 안 들어간 삶입니다."하니까 회개를 안 하고 어떻게 사냐고 인간인데? 우리는 예수님이 아니고 피조물인데 죄 안 짓느냐? 이렇게 많이 반문이 와요. 성경은 제가 죄 짓고 안 짓고 문제가 아니고 죄 안 짓고 산다는 그게 그리스도 안에 있는 사람이라고 말씀합니다.

회개는 누가하느냐? 그리스도 안에 들어가기 전에 사람이 지금 오늘 롬8:6 말씀대로 육신의 생각은 사망이죠? 사망의 권세에 있는 사람이 죄 짓고 회개하는 겁니다. 이 말씀 구분 하나하는데도 제가 목사님들하고 교제할 때 죽 말씀들 해주면 이해는 해요. 누가 그 말씀을 깊이 들어가려고 하냐면? 현장에서 보고 듣고 한 사람. 같이 어디 가서 아 제가 성질내고 분명히 육신의 본 가락이 나올 수 있을 시간에 전혀 안 나오거든요.

마10:19-20 뭐라 그러지요? 성령님이 우리 입 들어 쓴단 말입니다. 말씀은 되어있지만 문제가 딱 터졌을 때, 내가 육신의 생각에 누구하고 다툼을 하든 뭐를 하든 원망이 나오든 그러면 빨리 돌아오고 그리스도 안에 돌아올 수 있는 길을 찾아야 합니다.

6월에 일본 선교 11일 갑니다마는 캄보디아에서 19명이 보는 현장에서 그러한 사건이 났을 때 그것을 본 사람은 죄 안 짓는다는 100번이라도 죄 지을 수 있는 상황에서 죄가 안 나온다는 것을 아 맞아 누구나 다 육신의 생각이 나갈텐데... 성령이 입 들어 써버리면 전혀 죄하고 상관없다는 거에요.

페트병으로 딱 맞았을 때 왜 때려? 소리가 누가 그랬어? 보통은 이런 소리가 나오는데, 성령이 입을 들어 써버리면 전혀 아무 상관없는 것 같은 소리가 나옵니다. 그러면서 모두를 다 잠재워버려요.

한 2-3분간 조용해서 버리더라구요. 시장 바닥 같이 어수선 하던 봉고차에 19명이 그 분들이 제가 성령의 삶에 대해서 제가 할라고 해서가 아니라 느닷없이 돌발 사고니까 그 일이 벌어진다는 거에요.

회개를 누가 하는가? 하나님께서는 그리스도 안에 들어간 사람은 다시는 죄를 위해서 제사 드릴 필요가 없다고 하셨습니다. 그 얘기를 히6:1-2 제가 보겠습니다. 뒤에 가서 완전한 데 나아갈찌니라. 완전한데는 그리스도 안입니다. 그리스도의 초보를 성령 세례 받는 사람만 들어갑니다. 성령세례 이런 말씀이 많이 있지만 어떻게 해야 성령 세례를 받는 것에 대해서는 이런 것은 잘 안 나온단 말입니다. 그리스도 안에 들어가면 주님이 다 해주세요. 마6장 전장이 뭐에요? 내가 해줄게. 육신의 것 땅의 것은 내가 해줄게. 너희는 먼저 그의 나라와 그 의만 구하라고 하는데 자꾸 땅의 것이 구해진단 말입니다. 그러면 아직은 그리스도 안에 들어가지 않았다는거에요. 들어가서 보면 끼니가 걱정이 되도 땅의 것은 기도가 전혀 안 나와요.

제가 전번에도 했지만 어느 정도 안 나오느냐 우리 딸이 홍대 1차는 합격하고 실기시험 볼 때 저는 2박3일 교회 부흥집회에 가게 되서 그냥 딸 혼자 알아서 가게 했어요. 딸 하나 있는데 어느 부모가 너 알아서 가 할 부모가 있겠어요? 그래도 그렇게 하고 다녀왔어요. 하나님이 하실 일이지 우리가 더 해서 아니다 라는 얘기에요. 그래서 제가 시험 보고 온 그날 집회 끝나고 와서 "너 시험 잘 봤냐?"하니까 "떨어질 거 같아" 그 얘기 하는 순간 주님이 얘기하십니다. '너 마음이 갸륵해서…' "너 합격했다!" "정말?" "합격 했어" "그럼 다른데 2차 안 본다!" "그래 보지마" 이렇게 역사를 해줍니다.

만약에 그 학교를 제대로 보냈다고 해서 되었더라면 어떻게 되었을까? 반대가 나올 수도 있어요. 왜? 본인이 떨어졌다고 생각했느냐 자기 학원에 가르쳤던 선생하고 같이 실기를 보고 왔는데 그래서 떨어졌다고…결과는 선생은 떨어지고 딸은 됐어요. 지금 애들은 믿습니다. 우리는 제발 걱정하지 마라 하나님을 신뢰하게 되면 맡기게 되요. 그러는데 걱정을 우리는 가불까지 해서해요. 내일 일을 걱정하지 마라 그랬는데 육에 속한 삶이 되서 지금도 사망권세 아래 있는 죽은 자는 회개를 합니다. 정확히 죽은 자는 회개를 해야 합니다. 하나님은 이제 예수 그리스도가 이 세상에 오신 목적은 완전한데 들어오라는 얘기에요. 계속 죄짓고 어려운 삶 살라는게 아니고 완전한데 나아오면 다 해주겠다는 것이 아버지의 뜻입니다. 다시 보겠습니다. 히10:9-10이 둘째 것은 그리스도입니다. 첫째 것 율법으로 모세로부터 받았던 것은 흠이 있기 때문에 히7:28 아들을 세웠다! 아들을 보내신거에요. 히6:2절도 완전한데 그리스도 안으로 들어오라는 것은 이 말씀의 뜻을 알고 쫓아가면 그냥 거룩한 삶으로 변화시켜 주신다는 얘기에요.

히10:10 이 거룩함은 육신의 생각이, 삶이 거룩한 게 아니고 주님의 생명으로 태어나서 주님의 뜻대로 사는 삶이 거룩입니다. 요일

3:9; 벧전3:15 보면 너희 마음에 그리스도를 주로 삼아 그리스도가 내 주인이 되었을 때 거룩한 백성이 되는거에요. 그렇게 살라는 것이 아버지의 뜻입니다. 이렇게 되면 계속 회개를 해야 하냐?
히10:16 보겠습니다. 이 말씀이 롬8:2 보면 이는 그리스도 예수 안에 있는 생명의 성령의 법이 죄 없이 살 수 있다는 말이에요. 해방이 되었으니까 생명의 성령의 법이 여기는 지금 하나님의 법을 저와 여러분 생각에 마음에 기록이 되면 죄를 안 짓고 산다! 이렇게 되어있어요. 이게 믿음입니다. 이렇게 살아지는 것이 믿음이에요. 이 삶이 반드시 살아져야 해요. 그래서 이때부터 기쁘고 즐거운 삶. 아까 성령의 열매는 사랑과 희락이지요? 그리고 어디로 가든지 화평케 하는 삶이 살아집니다.
정말로 지금 생각을 해보면 며칠 있다가 기도를 해보고 만나라 하면 찾아가서 만나려고 합니다마는 제가 생각을 해도 이해가 안 가요. 그렇게 해약하자고 발버둥을 치고 다투고 싸우면 저는 평신도고 상대방은 목사님이 이시니까... 그래 세상은 해약 강제로 하려고 하면 내가 준 돈의 배를 주라고 한다든가 어떻게 해야 되는데 뭘 받으려고 생각 했어야하는데 원금도 지금까지 안 받았다니까요. 받으려고 생각 안 하고 알았다 하고 해약 딱 해버려요. 성령이 하신 것은 돈 좀 더 받고 덜 받고 그런 것에 개념이 없습니다. 육에 속한 사람은 오직 돈이에요. 제가 우리나라 보면 대통령까지 되도 한 사람도 못 버리더라구요. 아, 역시 육신의 생각으로 사는 사람은 돈을 떠날 수가 없구나! 계속 돈의 노예가 되요.

자 이렇게 해서 하나님의 법이 진리의 성령의 법이 롬8:2 같이 보면 그리스도 예수 안에 있는 생명의 성령의 법이, 진리의 성령의 법이 성령님은 진리지요? 진리의 성령의 법이 저와 여러분의 마음과 생각에 기록이 되어버리면 죄를 안 짓고 산다. 다시는 회개할 필요 없다.

히10:18 보겠습니다. 다시 죄를 위하여 제사드릴 것이 없느니라 하나님 말씀이에요. 다시는 회개를 안 해요. 그럼 회개 마4:17에 예수님이 회개하라 그 다음 뭐에요? 천국이 가까웠다. 그리스도 안에 들어오면 천국이다 이 말이에요. 거기서 주님이 다 하시기 때문에 죄를 안 짓는 곳이다 그 말이에요. 사단 마귀 거기 종으로 살던 우리가 모든 것을 구원해 주러 오신 바로 예수 그리스도 안으로 들어오라는 얘기에요. 거기다 이 포커스가 맞춰져야하는데 교회에 출석한 지 10년이 되었든 100년이 되었든 계속 처음부터 끝까지 죄 짓고 회개하고 죄 짓고 회개하고 그리스도 초보에 있다는 말이에요.

히6:2-3 그것이 아니다 라는 얘기지요. 저는 이 방송을 하면서도 사명으로 제가 말씀을 하는 것입니다. 전 세계가 들을 수 있는 이 방송, 미국에서도 들었다고 합니다. 캄보디아 선교사들은 10여명이 듣습니다. 제가 캄보디아 선교를 자주 가니까 제가 알기로 들으면서 꼭 보내달라고 한번 안 가면 카톡으로 꼭 보내달라고 해요. 유튜브가 잘 안 되니까 목사님 꼭 보내달라고 합니다. 지난번 두 주를 안 했더니 왜 안 보내주냐고 연락이 와서 보내드릴게요. 제가 방송을 안 해서 없어서 못 보내드린건데... 그래서 할 수 없이 오래 해야 될 거 같아요. 여기 죄가 없다고 했지요?

히8:10 보겠습니다. 여기 보면 이 말씀도 우리가 하나님 아버지! 아버지! 하는데 이 그리스도 안에 들어가야 하나님을 우리 아버지라 불러요. 하나님의 법이 진리의 성령의 법이 저와 여러분 생각에 마음에 기록이 되어야 비로써 하나님이 인정해주는 백성이고 자녀라는 말입니다. 지금 여기 그렇게 되어있어요. 이렇게 된 다음에는 어떻게 되느냐? 하나님 성삼위에 대해서 알게 된다.

히8:11 보겠습니다. 주님에 대해서 알게 된다. 이렇게 알게 되니까 히10장하고 똑 같아요.

히8:12 다시 회개할 필요가 없다. 이렇게 되어 있단 말입니다. 이 때는 죄가 없어져 버려요 죄가 죄를 낳게 만들어요. 롬7장보면 죄를 내가 회개하면서 죄 속에 살게끔 되어있어요. 죄를 짓는 자는 마귀에게 속하지요? 요일3:8 죄를 짓는 자는 바로 마귀에게 속한단 말입니다. 죄를 계속 붙들고 있는 한 죄 속에서 못 벗어나게 되는 것이 말씀이에요. 죄는 무조건 처음부터 회개 안 하는 것이 아니고 아직 죽은 행실에 육신의 생각으로 사는 사람은 회개해야하나 죽을 때까지 그 자리에 있으라는 것이 아니고 완전한데 그리스도 안으로 나아오라는 것입니다.

할렐루야! 이 삶을 살게 되었을 때 갈5:22-23 삶이 이루어집니다. 우리 사랑하는 와이프가 10년 전에 암으로 3년간 투병하다가 돌아가셨는데 아가페 사랑을 실제로 하게 됩니다. 70키로 몸무게가 나갔다가 약 40키로 이상이 빠졌는데 볼품이 있겠어요? 뼈만 앙상한데 그러나 그때 사랑이 나가요. 정말 지구상에서 가장 아름답게 보입니다. 아무것도 육신으로 유익이 없잖아요. 방광암, 직장암 양쪽에 터져 가지고 있는데 그 사람이 얼마나 아름답고 좋은지 계속 주님께 꼭 데려가시려면 1년만 더… 한 달에 200만원씩 이상 계속 치료비가 나가요. 그 사랑이 아 이것이 진짜 사랑이구나! 육신으로는 제가 피곤해요. 잠도 못자지요 왜? 2-3시간마다 소독을 해줘야 하니까 소독 다해서 새로 기저귀 채워 드리고 안고 가서 해드리고 그래야 하는데 뭐가 좋아서 6개월만, 1년만 하겠습니까? 뭐 때문에 그러냐? 그 속에 주님의 마음이 있거든요. 그게 보이면 사랑밖에 안 나와요. 서로가 사랑입니다. 본인도 처음에는 통증이 있었는데 통증을 하나님이 거둬가 버리십니다. 얼굴이 해같이 스데반 집사가 그런 얼굴 모습이었을 듯, 고통이 없어요. 사람들이 와서 네가 환자인지 내가 환자인지… 너무 밝으니까 얼굴이 그리고 죄 된 것이 한마디도 안 나옵니다.

오늘 갈5:22-23 본문처럼 사랑과 희락과 화평이 나와요. 실제 나옵니다. 애들과 다른 가족들이 보기 때문에 어느 누구도 그 전에 그런 삶을 살기 전에는 저도 많이 싸우고 살았는데 그런 것이 다 없어져 버려요. 왜? 자기들은 그렇게 못하거든요. 병원에 가면 요양병원에 입원 시키라고 당시 일산 암센터에서 거기서 수술했는데 요양병원 안내해 주겠다고 하는데 내 죄 때문에 아픈데 내가 어떻게 요양병원에 보내냐고… 끝내 제 품에서 돌아가셨는데 마지막까지. 왜? 사랑이 넘치니까요. 세상에서 그 보다 더 보배가 없다니까요. 그 때는 마18:3에 저도 어린아이 같이 되어지고 제 품에서 돌아가시고 나니까 장례식장에 가서 사망진단이 안 나와요. 어렵더라구요. 병원에서 돌아가셔야 나오지 집에서 돌아가시니까. 마지막에는 다른 병원에 있었는데 잠깐 있었기 때문에 그건 안 되고 수술한 병원으로 가라고 해가지고 일산 암센터로 서울에서 다시 가는데 얼마나 저도 어린아이 같이 되냐면요. 손만 얹으면 살아날 거 같아요. 바보지요. 바보. 냉동실에 밤새도록 있어가지고 차디찬데 그것도 생각이 없이. 가고 오는 길이 약 40분씩 갈 때 차가우니까 여기가 찌릿찌릿 아프더라구요. 계속 안수하고 오니까 왜? 갔다가 올 때는 손만 얹으면 살아날 거 같아요. 믿음이 있으면 의인이라고 했나? 롬4:17 죽은 자도 살리시고 없는 것을 있는 것 같이 아브라함과 사라가 믿으니까 의인이라고 인정 받았단 말입니다. 그렇듯이 그 믿음이 나온다구요. 안 살아나셨지만 그 얘기하면 참 아니 바보라고 아니 냉동실에 있던 자가 안 살아 나니까 제가 하나님한테 단단히 한 달 간 삐쳤어요. 왜 안 살아나냐는 얘기죠. 죽은 지 나흘만에 나사로도 살아났는데 왜 안 살아나냐고. 이제 안수 안 한다고 삐졌다구요. 하나님이 그 안에 수없이 내가 이러이러하니까 내가 데려가겠다 해줬는데도 불구하고. 너무 좋으니까 좀 하루라도 더 있고 싶어서 안수를 하게 됩니다. 아가페 사랑은 진짜 그렇습니다.

부부 지간에 사랑이 안 됐던 저희도 지금은 제가 돈에 대한 욕심은 정말 없어요. 있으면 있는 대로 베풀고 살고 그래도 한 번도 돈에 대해 없다고 해서 불평을 안 해요. 왜? 필요하면 줘요. 필요하면. 어디가든지 목사님들 하고 식사하면 거의 제가 많이 사요. 돈은 없는데. 아주 부자로 사는 목사님들 있어도 어무적 어무적하면 제가 내요. 그냥 외형으로 보면 가장 가난한데 제가 내니까.

목사님들 보면 잘 안 내는데 원래 나 잘 내요 왜? 하나님이 베풀면 베푼 만큼 해준다고 했잖아요. 있으면 막 베풀어요. 왜? 하나님이 베풀라는 말씀이 있으니까 우리 모두가 다 그렇게 살면 가난하냐? 부자에요 최고 부자! 필요한 것 다 나오니까요. 행20:35. 1년에 적은 개척교회 조그만 교회에서 서너 번씩 외국 선교를 갈 수 있으면 부자잖아요?

그래서 제가 이 말씀을 증거하면서 가장 마음 아픈 것은 돈 때문에, 제가 평생 사업을 했기 때문에 돈 때문에 정말 사랑했던 사람들하고 원수지고 돌아설 때마다 정말 아파요. 저를 친 형보다 잘해줬던 변호사님이 돈 때문에 스스로 내 책사가 되어주겠다고 하던 그 분도 돈이면 찢어지더라구요. 대통령도 찢어지는데 안 찢어지겠습니까? 그래서 돈을 사랑함이 일만악의 뿌리다! 우리는 돈을 사랑하는 자가 아니고 주님이 주신다는 것을 믿어서 모두가 다 최고의 복 하나님께 영광만 드리는 삶으로 사시기를 축원드립니다. 마치겠습니다. 감사합니다.

빛과 어두움
매일 가는 길

1판 인쇄일 2018년 7월 7일
1쇄 발행일 2018년 7월 15일

지은이 _ 박병모
펴낸이 _ 한치호
펴낸곳 _ 종려가지
등 록 _ 제311-2014-000013호(2014. 3. 20)
주 소 _ 서울특별시 은평구 은평로 14길, 9-5
       전화 02. 359. 9657

디자인 _ 표지 박세진
기획 편집 · 내지삽화 | 전지예

제작대행 세줄기획(이명수) 전화 02. 2265. 3749
영업(총판) 일오삼(민태근)
       전화 02 964. 6993. 팩스: 02. 2208. 0153

값 17,000 원

ISBN 979-11-87200-40-6 03230

ⓒ 2018, 박병모

저자 연락처 010-2237-7034

잘못 만들어진 책은 구입하신 서점에서 바꾸어 드립니다.
책의 주문 및 영업에 대한 문의는 영업대행으로 해주십시오.
문서사역에 대한 질문은 010. 3738. 5307로 해주십시오.